GÉANTE

ISABELLE YACOUBOU
avec Sandra Bensoussan

GÉANTE

Les matchs de ma vie

l'Archipel

Un livre proposé par Yves Derai

Notre catalogue est consultable à l'adresse suivante :
www.editionsarchipel.com

Éditions de l'Archipel
92, avenue de France
75013 Paris

ISBN 978-2-8098-4497-9

À mon frère aîné Primous

Je souhaite porter ma vie
à la hauteur de ses espérances.

AVANT-PROPOS

Orpheline

22 novembre 2001

Papa vient de mourir brutalement, à l'âge de quarante et un ans, alors que rien ne laissait présager un tel drame. Je n'arrive pas à comprendre que je suis orpheline, je n'ai que quatorze ans. Le sol se dérobe sous mes pieds.

La disparition du pivot de ma vie est incompréhensible, elle me sidère. Je ne parviens pas à pleurer, mes émotions sont nouées, probablement pour me protéger et mieux tenir le choc. Ma tristesse est tapie en moi. J'ai quitté l'enfance il y a si peu de temps…

Il me faut pourtant appréhender l'idée de la mort, avec toutes les difficultés et le temps nécessaire que cet apprentissage suppose. Je dois faire bonne figure en public, montrer l'image d'une jeune femme forte pour que mon petit frère et ma petite sœur puissent se sentir apaisés à mes côtés. Arnold et Laurette sanglotent, je les prends dans mes bras. Ils ont respectivement douze et cinq ans.

Jouer un rôle de composition, ne jamais s'écrouler. Je vais m'efforcer de puiser cette force au plus profond de mon être.

Comment vais-je affronter la vie sans lui ? Je ne verrai plus la douceur de son regard, lui qui m'a portée et a cru le premier en mes rêves !

C'est papa qui m'a transmis la force de me battre. Je vais devoir désormais endosser le costume de chef de famille, porter maman également si les circonstances l'exigent.

Toute la famille est réunie. Il va falloir faire bloc autour de maman, relever la tête le plus vite possible. Un défi de plus pour moi qui ai quitté le giron familial il y a quelques semaines pour m'entraîner régulièrement au basket, à Porto-Novo, la capitale du Bénin. Malgré mon jeune âge, je vole déjà de mes propres ailes.

Traverser ce deuil va prendre du temps, mais le souffle de la vie est là, plein de promesses.

Le décès de mon père agit comme un détonateur. J'ai envie de lui prouver que je réussirai à devenir basketteuse professionnelle. J'aimerais qu'il ressente un jour de la fierté depuis les étoiles. Je sais qu'il m'accompagnera d'une autre manière et veillera sur les siens. Peu à peu monte en moi une force nouvelle qui décuple mon envie de m'en sortir.

Je sais que mon chemin ne sera pas simple. Être une jeune fille de grande taille, noire de surcroît, annonce un parcours pavé d'embûches. Bien souvent, j'ai été contrainte de me faire toute petite, de « fermer ma gueule» aussi. Je prends conscience du fait que je vais devoir me battre en permanence, hausser le ton pour être écoutée, respectée et me faire une place de choix dans ce monde.

La liberté se conquiert.

Mais pour comprendre tout ce cheminement, il faut remonter aux prémices de ma vie, à mes racines fondatrices…

1

COUP DE FOUDRE POUR UN BALLON

Avancer en âge invite à se retourner sur soi. L'avenir se réduit subrepticement et le passé devient un havre réconfortant. Je ne nie pas cette évidence, après l'avoir maintes fois raillée.

J'ai souhaité écrire ce livre pour partager mon parcours atypique et démontrer que l'on peut réussir, dès lors que l'on porte haut et fort ses rêves les plus chers. Je raconte ainsi le rêve d'une petite fille qui quitte le Bénin pour rejoindre la France, sans un sou en poche, ni même une paire de baskets. Je me remémore également le chemin de vie de mes parents et mon enfance qui m'a offert les armes essentielles pour lutter dans la vie.

Les épreuves ont construit ma personnalité. À l'âge de six ans, j'effectue, tous les matins, trois kilomètres à pied pour me rendre à l'école. J'habite Aplahoué, un village situé dans le sud du Bénin, à la frontière avec le Togo. Je dois rejoindre mon établissement scolaire qui se trouve sur un plateau, dans le département du Mono. Nous nous donnons rendez-vous quotidiennement avec mes cousins, à l'aube, et entamons notre marche de quarante-cinq minutes. Nous faisons le trajet en sens inverse pendant la pause déjeuner avant de fouler à nouveau les montagnes, l'après-midi, sous la pluie, le vent ou la grêle. Le sud du Bénin abrite en effet un microclimat, nous recevons des glaçons en guise de cadeau !

Deux années plus tard, j'apprends, dans la chaleur engourdie d'un été, que maman a chuté dans sa salle de classe. Elle est enceinte de ma petite sœur et vit une grossesse difficile. Elle est amenée en urgence à Zovê. La ville abrite un grand hôpital situé à six kilomètres de notre maison. Je suffoque de peur et décide de traverser seule, à huit ans, les routes de terre, sous un soleil brûlant, pour rejoindre maman. Arrivée à destination, je rencontre un prêtre posté devant l'entrée du dispensaire. Il est surpris de trouver une petite fille de huit ans, seule et apeurée. « Que fais-tu ici, est-ce que tu as mangé ? » Essoufflée, je lui réponds que je souhaite voir ma mère qui est malade et savoir comment elle va. Il me prend par la main et me conduit devant la chambre de maman. Elle est perfusée de toutes parts, mais je me sens apaisée de la savoir vivante. Rassérénée, j'accepte enfin le sandwich que l'homme me tend.

C'est ainsi que s'est forgée mon âme de guerrière.

À l'école, je suis une bonne élève, mais je n'excelle pas et ne suis aucunement passionnée par les études. En revanche, dès que le cours d'éducation physique et sportive commence, je me sens enveloppée par un bien-être particulier : je suis entière et à ma place !

Je découvre le basket à l'âge de neuf ans, grâce à un groupe d'amis. Le coup de foudre est immédiat.

Je n'ai pourtant ni idole, ni référence dans le milieu. À l'époque de mon adolescence, le Bénin n'envisage pas le sport et, *a fortiori*, le basket, comme un métier. Il n'existe d'ailleurs aucun championnat dans le pays.

Très vite, je comprends que je souhaite devenir une professionnelle du sport et me bats pour convaincre mes parents. Ils sont assez fous pour accepter mon pari.

Lorsque je quitte mon pays, à l'âge de dix-sept ans, mon départ est considéré comme une hérésie par bon nombre de personnes autour de moi. Mes parents, qui ont approuvé mon projet d'allier le sport aux études, sont dévisagés comme s'ils étaient des extraterrestres. « Laissez-la se bercer d'illusions ! », leur promettent leurs voisins…

Obtenir la nationalité française, devenir sélectionnable en équipe de France et disputer une finale olympique sont des graals auxquels la petite Béninoise n'aurait jamais osé prétendre quelques années plus tôt ! Les basketteuses américaines étant indéboulonnables depuis des décennies, cette médaille d'argent des Jeux olympiques de 2012 a la valeur de l'or à mes yeux, ainsi que dans le regard de mes coéquipières, face au reste du monde.

L'histoire de l'adolescente que je fus est émaillée de rencontres décisives. J'ai eu la chance de croiser des coachs hauts en couleur, dotés d'une bienveillance extraordinaire. J'ai été confrontée tôt à l'irruption du tragique, avec le décès de mon père, en 2001, mais cela m'a insufflé une soif supplémentaire de réussir. Je découvre par ailleurs, très tôt, la force du travail, en observant ma mère, institutrice, s'occuper vaillamment de ses enfants et assumer ses devoirs, présente sur tous les fronts.

Devenue basketteuse, je comprends notamment que l'entraînement collectif ne suffit pas pour se démarquer. Il faut ce supplément d'âme : un temps de travail individuel qui fera la différence, bâtira ma confiance et étoffera ma légitimité de sportive de haut niveau.

Mes expériences de globe-trotteuse me font par ailleurs saisir à quel point nous sommes des basketteuses privilégiées, en Europe. Au Bénin, nous ne disposons pas de terrain couvert, ni de parquet, mais d'une simple dalle de béton coulée. Les impacts y sont plus rudes, ce qui abîme prématurément les genoux.

Ces joueurs exercent pourtant un métier similaire au nôtre, mais dans des conditions plus que sommaires aux yeux d'un Européen.

En France, je suis l'initiatrice du dunk (action spectaculaire de jeu, au basket-ball, qui consiste à sauter avec le ballon et à le projeter dans le panier), et je suis fière d'avoir ouvert ce chemin. Je suis également l'une des premières jeunes femmes à avoir assumé ma maternité dans un milieu où oser devenir maman comporte encore son lot d'obstacles et de préjugés. Aujourd'hui, je suis heureuse de constater que dans les équipes de basket, une joueuse peut envisager sereinement la maternité.

Pour toutes ces raisons, j'ai eu envie de partager mon histoire, les ambitions que je nourris et les rêves après lesquels je cours ; mes fêlures aussi.

J'ai appris, au fil du temps, à transformer le plomb en or. Ce sont ces valeurs que je souhaite désormais transmettre.

2

PETITE, DÉJÀ GRANDE

Mes racines et ma culture revêtent une grande importance pour moi. Je suis, je l'avoue, chauvine et peu objective, mais je suis fascinée depuis mon plus jeune âge par la beauté des paysages de mon Bénin natal. Mes parents sont originaires des collines du Bénin. Ils viennent de Dassa, ville connue pour son relief atypique. Le paysage est très vert, même si on y trouve des masses rocheuses de granit pur. Les maisons sont accrochées au flanc des montagnes. Des baobabs égaient ce lieu enchanteur. Je ne m'en lasse jamais, d'autant que j'ai le sentiment de ne pas avoir assez profité de ces espaces. Maman étant institutrice, nous voyagions beaucoup avec mes deux frères et ma sœur, dans tout le pays, au gré de ses mutations successives.

Primous, mon frère aîné, est issu d'une première union de ma mère avec un amour de jeunesse rencontré sur les bancs du lycée. Maman a par la suite connu un autre homme, François, mon père. Tous deux ont su aussitôt que leurs liens dépasseraient le simple attrait physique ; ce fut une évidence, selon leurs dires.

Deux ans après leur mariage, je suis venue au monde, le 21 avril 1986, à Godomey, dans la banlieue de Cotonou, la capitale. Arnold, mon petit frère, a vu le jour deux années plus tard. Quant à ma sœur Laurette, elle fut une « très grosse surprise » : elle a en effet pointé le bout de son nez sept ans après la naissance d'Arnold.

Arnold a attrapé très tôt, comme moi, le virus du basket. Il est devenu professionnel et joue en première division au Bénin. C'est un garçon très doué ; je suis fière de lui ! Il aurait aimé venir en France et suivre un chemin similaire au mien, mais il n'est pas parvenu à obtenir les papiers nécessaires. Il s'est alors expatrié au Nigeria et au Togo notamment, parce qu'au Bénin il n'y a pas de ligue professionnelle. Au Nigeria, il s'est trouvé dans un pays en pleine crise avec son cortège de violences perpétrées par la secte islamiste Boko Haram, entre 2016 et 2020. Mes parents et moi avons eu très peur pour lui. Lors d'une réunion de famille, on s'était dit que c'était bien de gagner de l'argent, mais encore mieux de rester en vie ! C'est ainsi qu'il est revenu jouer au Bénin où l'atmosphère est nettement plus calme.

Notre vie de famille est atypique, papa travaille en permanence au Togo, un pays voisin du Bénin. Nous n'habitons jamais tous ensemble, sauf pendant les vacances scolaires et un week-end sur deux, lorsque mon père vient nous rejoindre au Bénin. Papa est en effet ingénieur en génie civil, il travaille à Nangbéto, au sein du barrage de la ville du même nom, sur le fleuve Mono qui traverse le Bénin et le Togo. C'est un homme de terrain et sa présence est requise au quotidien sur le barrage. Ce dernier fournit de l'énergie hydroélectrique au Togo et au Bénin, mais aussi de l'eau pour l'irrigation des plantations agricoles.

Maternelle au Togo

Mes parents étant mariés, maman demande régulièrement à l'Éducation nationale le rapprochement de conjoint. C'est ainsi qu'elle obtient souvent des postes proches de la frontière.

J'ai deux ans lorsque mes parents instaurent, d'un commun accord, un rite de passage pour chacun de leurs enfants : de l'âge de deux à trois ans, je vis ainsi à plein temps avec papa, pour y effectuer mes années de maternelle. Mon père estime, à juste titre, qu'il ne peut profiter de ses enfants que lors des vacances scolaires. Il a envie d'avoir ses petits à ses côtés, durant les premières années de leur vie. Arnold et Laurette suivent le même chemin.

En revanche, lorsque je souffle ma quatrième bougie, je rejoins maman au Bénin et j'entre au cours préparatoire, avec deux années d'avance. Maman utilise un subterfuge pour me faire intégrer prématurément le CP. Dans les années 1980, nombre de parents ne détiennent pas d'acte de naissance attestant l'âge exact de leur progéniture. De ce fait, l'Éducation nationale met sur pied un test étonnant pour évaluer l'âge des enfants. C'est ainsi que l'on me demande de passer le bras au-dessus de la tête pour toucher mon oreille opposée ! J'y parviens aisément et l'on décrète dès lors que j'ai six ans ! Nous sommes en effet une famille de géants. Maman et papa mesurent tous deux un mètre quatre-vingt-cinq, l'ensemble de mes oncles ont une taille qui oscille entre un mètre quatre-vingt-quinze et deux mètres, Arnold culmine quant à lui à un mètre quatre-vingt-quinze et ma sœur Laurette est « notre naine à nous », comme nous l'appelons affectueusement : elle ne mesure qu'un mètre quatre-vingt-trois !

La population du nord du Bénin est assez grande en général. Nous ne nous faisons pas trop remarquer.

Je suis une enfant turbulente et très active qui recherche la compagnie des jeunes garçons. Jouer à la poupée n'est pas ma tasse de thé. J'aime en revanche grimper aux arbres et me balader à vélo. J'ai toujours été un peu rebelle : j'aime dépasser les limites, braver les interdits fixés par les adultes. Je refuse de plier, d'abdiquer. Je respecte toutefois sans broncher les punitions que mes parents m'infligent parce que j'ai souvent conscience d'avoir exagéré. Mon père n'étant pas souvent là, maman doit endosser le double rôle du père et de la mère à la maison. Dans ma culture béninoise, l'homme est chargé de fixer les règles et de sévir en cas de besoin. Enseignante, ma mère a la réputation d'être rigoureuse et dure dans son travail comme dans sa vie privée. Enfant, je la traite souvent de « méchante ». Aujourd'hui, avec le recul, je comprends qu'elle s'attachait surtout à poser un cadre sans lequel elle n'aurait pas pu s'en sortir seule. Ma mère n'en est pas moins câline et protectrice par moments.

Je parle beaucoup, à tout le monde, et je vais spontanément à la rencontre des autres. J'aime la compagnie et ne suis pas timide pour un sou.

Autour de moi, mes parents ont su bâtir un socle solide et enveloppant. Papa me considère comme sa princesse. Je suis sa première fille. Avant ma naissance, il a connu de longs mois de chômage et d'incertitude (plus d'un an et demi précisément). Deux mois après ma venue au monde, il a fini par décrocher le poste qu'il convoitait au Togo. Il associe dès lors ma naissance à un miracle ! Il m'appelle d'ailleurs « mon enfant porte-bonheur ». Comme je l'ai dit, mon père vient nous rendre visite un week-end sur deux, au Bénin. Même si nos deux maisons ne sont pas très éloignées, il lui faut cinq à six heures de voyage pour nous rejoindre le vendredi. Pendant les vacances scolaires, c'est notre tour, à maman, Primous, Arnold, Laurette et moi, de le rejoindre au Togo. De fait, j'ai toujours associé cette contrée au pays des vacances. Papa vit dans une maison luxueuse au sein d'une résidence de la cité A, construite pour les cadres du barrage.

J'aime me baigner dans la piscine avec mes amis. Le Bénin et le Togo partagent un même peuple et une culture commune. Nos intérêts et nos affinités sont similaires, les liens se nouent facilement. Au cœur de la cité A ont été aménagés des terrains de tennis, une aire de jeux pour les enfants et un terrain de basket. Mes deux frères, ma sœur et moi en profitons pleinement. Non loin de là, une cité a été réservée aux ouvriers. Un troisième lieu de vie est dédié aux pêcheurs qui vivent à proximité. Je me baigne à quelques encablures du barrage, car le fleuve lui-même est très dangereux. Il regorge de crocodiles ! Notre lieu de baignade est bien plus accueillant ; c'est là que papa pêche. Cette activité le détend. Quand je l'accompagne, son sourire rayonne et je constate sa fierté lorsqu'il attrape un bar ou un capitaine. Même si nous ne nous voyons pas souvent, nous nous sentons proches l'un de l'autre. Je suis, d'une certaine manière, l'extension de l'amour qu'il porte à maman, étant son exact portrait !

J'ai hérité de mes deux parents leur caractère affirmé. Papa est un homme déterminé, courageux. Maman est également une femme vaillante. La vie qu'ils ont menée loin l'un de l'autre pour privilégier leurs carrières en témoigne.

Outre la pêche, mon passe-temps favori pendant mes vacances au Togo est d'assister au spectacle impressionnant de l'ouverture du barrage. Voir cette eau qui bouillonne et déborde m'intrigue. Je suis capable de passer des heures à observer ce tableau étonnant, après la saison des pluies.

Benjamine de la classe

En sixième, je me retrouve à nouveau la plus jeune de la classe, avec mes deux années d'avance. Je suis aussi un « bébé » au sein de mes clubs de sport : les adolescents avec lesquels je joue ont de quatorze à seize ans, un fossé énorme à cette période de la vie. Je pratique le handball et l'athlétisme au sein de mon collège qui se trouve à Abomey, une cité royale, dans le sud du Bénin. Maman y enseigne en primaire pendant quatre années.

Mes copains du cours d'éducation physique et sportive (EPS), bien qu'âgés de cinq ou six années de plus, m'encouragent à pratiquer le basket. Ils me disent : « Tu es grande et très douée, tu devrais essayer de jouer en club ! » Je ne me fais pas prier ! J'aime n'être jamais tout à fait là où l'on m'attend, ni celle qu'on attend. J'ai dix ans et demi, mais je parais cinq ou six années de plus étant donné ma taille et mes épaules généreuses. J'accepte donc avec joie cette perspective. Le soir, lorsque je rentre à la maison, j'en fais part à maman avec enthousiasme, mais elle s'y oppose. Maman craint que mes camarades oublient mon jeune âge, me fassent la cour et m'entraînent dans des milieux pas très sains pour une enfant de dix ans. Elle estime en outre que le basket n'est pas un sport féminin. C'est bien trop tôt, à ses yeux, pour m'engager dans une vie sportive.

Étant donné mon gabarit, elle s'inquiète pour mon avenir amoureux et est anxieuse à l'idée que je ne trouve pas de mari plus tard. Elle se demande si je pourrai rencontrer un jour un homme qui puisse m'aimer pour ce que je suis et non pour ce que je représente… Vu notre désaccord sur la pratique du basket, elle me propose de téléphoner à mon père qui tranchera notre différend. Je profite de ce coup de fil pour lancer un appel au secours à papa, en accentuant mon désarroi et en négociant habilement avec lui. Il me donne son feu vert ! Je suis folle de joie ! Je jongle dès lors entre trois sports pendant mes années de collège et j'en éprouve un grand plaisir.

Papa est le premier à croire en mes rêves. Il m'encourage à devenir basketteuse professionnelle. Il n'est certes pas très doué pour les effusions, ni très démonstratif, mais il a des mots forts et enveloppants qui me portent et me poussent à aller toujours plus loin.

Lorsque je termine mes cours, je rejoins maman dans sa classe. J'aime observer sa manière d'enseigner.

Mon plaisir est décuplé parce que je ne suis pas son élève ! Enseignante sévère, elle exige de ses disciples un comportement à la hauteur de ses espérances. Elle parvient à obtenir des résultats très satisfaisants. Lorsque sa classe se termine, elle nous ramène, Arnold et moi, sur sa moto, une Mate 50. Elle cale Arnold entre ses jambes, quant à moi, je m'installe à l'arrière. Se retrouver à trois sur une moto est une pratique assez courante au Bénin à l'époque…

En raison de la chaleur, l'école commence à 9 heures au Bénin. Nous faisons une grande pause à l'heure du déjeuner, entre 12 et 15 heures, avant de reprendre les cours jusqu'à 17 heures. Le français est la langue officielle enseignée à l'école, mais ma langue maternelle est l'idaasha, dialecte employé dans le département des Collines et notamment à Dassa, d'où sont originaires mes parents. J'ai une prédisposition pour les langues que j'apprends à une vitesse phénoménale. Ainsi, j'enregistre avec une facilité déconcertante les dialectes des régions où nous nous installons avec ma mère.

Ma mère me demande souvent de l'accompagner au marché pour faire les courses, afin que je traduise ce que disent les commerçants. À la maison, j'échange toujours en français avec mon père et en idaasha avec ma mère. Pour elle, il est primordial que je préserve mon héritage culturel. Papa ne voit pas les choses sous cet angle. Ces divergences donnent lieu à de longs et vigoureux débats entre mes parents. Il faut dire que mon père travaille toute la journée avec des cadres français, il baigne à temps complet dans la langue de Molière. Je comprends les points de vue de mes parents, mais suis aujourd'hui reconnaissante envers ma mère d'avoir insisté pour que l'on conserve notre dialecte, une vraie richesse culturelle à mes yeux.

En dehors de ces débats enflammés, je sens qu'un authentique sentiment amoureux lie mes parents, même s'ils ne sont pas très démonstratifs l'un envers l'autre. Cela dit, lorsque nous sortons en famille au restaurant, papa prend ma mère par la main, mais maman devient vite rouge de honte. Elle lui dit sans cesse : « Arrête François ! » Cela me fait rire. Elle se sent gênée, étant à la fois pudique et discrète. Mes parents sont le seul couple que je connaisse à s'appeler par leur prénom, ou leur petit surnom. Maman se nomme Félicienne, mais mon père la surnomme Félie. Les parents de mes amis s'interpellent quant à eux à coups de « maman » et « papa ».

Curieuse de nature, je me lie facilement. Mon tout premier amoureux se prénomme Candide ; je fais sa connaissance en maternelle, au Togo. Il est ce que l'on a coutume d'appeler un quarteron : c'est un métis ayant un quart d'ascendance noire. Je l'ai recroisé en 2020 à Cotonou, trente ans après notre première rencontre et mon plaisir de le voir est demeuré intact. Lorsque nous jouons tous les deux dans les bacs à sable, la maman de Candide m'envisage déjà comme sa future belle-fille. Son mari mesure plus de deux mètres. Son fils sera assurément grand… Nos parents rêvent dès lors de nous marier ! Nous nous voyons au Togo durant les vacances scolaires, lorsque je rends visite à mon père et ce, jusqu'à l'adolescence.

Ma meilleure amie

Ma relation amicale la plus intime se tisse lorsque j'ai une dizaine d'années, au moment où je commence à jouer au basket. Annie a quatre ans de plus que moi. Dans l'équipe je suis comme sa petite sœur. Nous nous découvrons de nombreuses affinités et nous nous lions rapidement d'une amitié indéfectible. Nous faisons les quatre cents coups ensemble, de ceux qui dessinent des souvenirs adolescents pour toujours. Nous séchons parfois des cours pour rentrer en hâte à la maison et papoter en toute tranquillité. Nous nous préparons des pâtes aux œufs et refaisons le monde des heures durant. Annie me confie ses histoires de cœur que j'écoute avec intérêt. Elle m'éduque en matière de relations amoureuses et m'explique doctement qu'une fille « doit » se faire courtiser par les garçons et ne pas se laisser approcher facilement. Plus tard, au lycée, dès qu'un professeur est absent, je file avec elle sur sa moto pour continuer nos conversations sans fin qui me procurent tant de plaisir.

Vingt-cinq années ont passé et Annie est toujours comme ma sœur. À Cotonou, je ne manque jamais de lui rendre visite. Nous bavardons comme au bon vieux temps, autour d'un bon repas. À cet égard, j'ai toujours apprécié la bonne cuisine. Durant mon enfance, maman nous confectionne de délicieux plats traditionnels ou des spécialités françaises. Elle prend un plaisir fou à régaler ses enfants et a même appris les secrets de la pâtisserie. Mon mets préféré est le *amiwô*, la pâte rouge béninoise. Un plat à base de farine de maïs, accompagné de poulet braisé, revenu dans une sauce tomate, préparée avec des oignons et bien épicée. Cela ressemble à une polenta rouge. Aujourd'hui, je fais découvrir cette spécialité à mes amis. Avant d'en maîtriser les secrets de préparation, je m'y suis essayée à plusieurs reprises, comme ce fameux soir où je fête mes huit ans. Le plat qui me fait tant rêver n'a pas l'air très appétissant, avec ses grumeaux apparents. Maman refuse de manger. Papa la raisonne immédiatement : « Ta fille nous a préparé le repas. Tu t'assois et tu manges ! » Il tient absolument à honorer mon dîner, sa remarque me touche et me réconforte.

Je concocte désormais des plats italiens que j'ai savourés lorsque je jouais à Schio, en Vénétie ; j'y ai notamment découvert avec délectation les secrets du risotto et des pizzas. Cela ne me pose aucun problème de consacrer plusieurs heures à préparer des agapes. C'est un moment privilégié où je donne de l'amour pour faire plaisir aux gens que j'aime.

Cet attrait pour les autres est sans doute dû au fait d'avoir vécu en permanence, dès l'âge de quatre ans, en compagnie d'enfants et, plus tard, d'adolescents bien plus âgés que moi. C'est ainsi que j'ai été mûre et autonome avant l'heure. De surcroît, dès mes treize ans, ma mère me confie souvent la garde de mon frère et de ma sœur qui ont onze et quatre ans, lorsqu'elle doit partir tout un week-end pour son travail, à l'autre bout du pays. Je gère la maison comme une adulte et prépare le repas pour toute la maisonnée alors que je ne suis qu'une adolescente. Ma puberté est aussi arrivée précocement. À neuf ans, j'ai eu mes premières règles et l'apparence d'une jeune fille de quinze ans !

Je suis par ailleurs dotée d'une énergie, d'une volubilité que je transporte comme un passeport. Le fait d'avoir été propulsée très tôt dans l'âge adulte m'a donné un sens aigu des responsabilités et a forgé les traits de mon caractère.

La vie va se charger de mettre à l'épreuve mes nouveaux talents, ainsi que mon cœur de jeune fille.

3

PREMIER AMOUR... PREMIER DEUIL

Je rencontre Loïc dans mon club de basket, lors de mon treizième anniversaire, à Abomey. Je mesure déjà un mètre quatre-vingt-cinq et l'on me donne dix-huit ans! Loïc a trois années et quelques centimètres de plus que moi. Comme il s'est mal comporté en classe, son père, maire d'une banlieue huppée de Cotonou, décide de l'envoyer à Abomey pour qu'il comprenne que la vie n'est pas aussi facile qu'il le croit. La ville propose peu d'activités aux jeunes. Notre vie tourne autour du basket.

Bad boy

Lorsque Loïc m'aborde pour la première fois, je le trouve différent des autres garçons. C'est un chanteur de rap. Il anime les journées festives de fin d'année scolaire que nous attendons tous fébrilement. Les collégiens se retrouvent à cette soirée dansante pour s'amuser et flirter. Il arbore un look de mauvais garçon, avec une casquette de rappeur et de grosses chaînes, mais son originalité m'attire. À l'école, nous devons tous revêtir un uniforme kaki. Les filles portent une robe au-dessous du genou et les garçons un pantalon militaire. Loïc personnalise sa tenue en faisant remonter de longues chaussettes blanches au-dessus de son pantalon. Je trouve son effronterie courageuse.

Annie n'apprécie pas ce jeune homme qu'elle ne trouve ni sérieux ni intéressant pour moi. Je continue tout de même à côtoyer mon nouvel ami, mais je me contente de l'écouter et ne décroche pas un mot au cours des six premiers mois qui suivent notre rencontre. Je conserve mon mutisme avec une discipline qui force l'admiration de mes amies. Avec du recul, Annie admet qu'il ne s'agit pas d'un mauvais garçon. Elle me dit : « Puisqu'il insiste, explique-lui que tu es trop jeune pour t'engager dans une relation. » Mon amie me guide subtilement dans cette phase cruciale de ma vie.

Je finis par sortir avec Loïc, « en tout bien tout honneur ». Au début de notre idylle, je le vois en cachette de mes parents et n'ose me confier à ma mère. Lorsque notre lien est officialisé auprès de nos amis, je comprends que toutes les filles rêvent de sortir avec lui ! Certaines d'entre elles m'abordent à plusieurs reprises pour me dire que, si je n'ai pas de relation intime avec lui, il me quittera sur-le-champ. Je prends cette information au sérieux. J'annonce à Loïc que je ne suis pas prête à aller plus loin avec lui, mais il me rassure aussitôt : « Non, c'est toi que je veux, je t'attendrai. » Il respecte sa promesse et notre relation demeure un long moment platonique en se bornant à quelques bisous chastes. Après chaque match, il me raccompagne à la maison, même s'il habite à côté du stade. Nous en avons pour trente minutes de marche. Maman est rassurée de me savoir en sa présence lorsque je rentre tard le soir du basket.

Record du lancer de poids

Alors que je suis pourtant extravertie et volubile en public, en sa présence, la timidité me gagne. Sa personnalité m'interpelle. Je ne parviens pas à comprendre ce qu'il me trouve et pourquoi il m'a choisie plutôt qu'une autre. La jalousie des filles de ma classe est aiguisée par le fait que je suis présentée au drapeau tous les lundis où je suis récompensée pour mes performances en athlétisme. Au Bénin, nous nous réunissons en effet chaque début de semaine, à l'école, pour hisser le drapeau : le directeur de l'établissement prononce un discours, félicite les élèves qui ont obtenu de bonnes notes et remet des médailles à ceux qui ont remporté des compétitions artistiques ou sportives. À cette période, je pratique le saut en longueur, le triple saut et le lancer de poids. Depuis l'âge de onze ans, je fais partie de l'équipe nationale d'athlétisme et détiens le record du lancer de poids, en catégorie junior, que je conserve jusqu'en 2017.

En classe, je suis une élève moyenne et ne suis aucunement passionnée par les cours. Mes notes oscillent entre 10 et 12. Mon père me dit souvent que je « fais ce qu'il faut pour ne pas mourir ». Comme je suis très active, être assise pendant des heures m'insupporte.

Certaines matières retiennent toutefois mon intérêt : les langues, pour lesquelles j'ai une facilité évidente, les suites logiques en mathématiques qui requièrent un travail de l'esprit, tout comme la philosophie, que je découvrirai quelques années plus tard.

Pratiquant le basket et l'athlétisme à haute dose lors d'entraînements chronophages, je redouble ma quatrième, ce qui déclenche l'ire de mes parents. En guise de punition, ils me demandent de choisir entre l'athlétisme et le basket. Je tire ainsi temporairement un trait sur l'athlétisme.

Lorsque j'entre en troisième, maman commence à dépérir, sans raison apparente. Elle souffre de palpitations et ne tient plus debout. Les examens qu'elle subit ne révèlent rien d'alarmant, mais elle ne se relève pas pour autant. Pour la seconder, je dois prendre les rênes de la maison, m'occuper de mon petit frère et de ma petite sœur, puisque papa vit au Togo. Il travaille désormais à Lomé où il a bénéficié d'une promotion. Il a quitté les chantiers pour les bureaux.

Loïc se montre très présent et attentionné. Il m'aide quotidiennement dans la gestion du foyer. Reconnaissante, maman le considère comme son propre fils depuis cette période. En parallèle, je dois me montrer studieuse pour préparer l'examen du BEPC.

Les mois passent et maman s'affaiblit de jour en jour. Sans diagnostic et de guerre lasse, un cardiologue propose de l'opérer à cœur ouvert pour explorer son organe et tenter de trouver enfin l'origine du mal qui la ronge. Quelques jours avant l'opération, le médecin décide tout de même de vérifier l'état de sa thyroïde. Le diagnostic tombe enfin. Maman souffre d'hyperthyroïdie. Il aura fallu des mois d'errance médicale pour finalement poser des mots clairs sur sa souffrance. Je me sens soulagée à l'idée que ma mère puisse être enfin soignée.

Je quitte la maison dès l'âge de quatorze ans pour pratiquer le basket intensément. Régine, la présidente de l'Association des anciennes basketteuses du Bénin, a décelé mon talent et est parvenue à convaincre mes parents, après une longue discussion, de me laisser partir à Porto-Novo, la capitale du Bénin, située dans le sud du pays. Loïc est heureux pour moi. Fidèle à mes envies, je poursuis sereinement mon chemin, avec son soutien. Nous entretenons une relation épistolaire, et nous échangeons des lettres enflammées, en attendant nos retrouvailles, lors des vacances.

Mort tragique

Maman est clouée au lit depuis plusieurs mois, mais, contre toute attente, c'est papa qui décède brutalement, l'année de ma quatorzième année, en novembre 2001. Il avait seulement quarante et un ans.

La Communauté électrique du Bénin (CEB) pour laquelle il officiait avait pourtant prévu de l'envoyer à Paris pour y effectuer une batterie d'examens. Mais il est mort trois jours avant son départ pour la France.

Mon père m'avait informée du fait qu'il ne se sentait pas dans son assiette, quelques semaines plus tôt, mais il m'avait aussitôt rassurée en me disant que ses soucis de santé se régleraient spontanément. La nuit où il décède, je fais un rêve étrange. Je suis à Porto-Novo, chez ma « tata » Régine et, dans mon songe, j'entends sonner à la porte. Au moment où je me trouve sur le perron, j'aperçois mon père, au bout du chemin, et lui demande la raison de sa présence. Mutique, il poursuit sa route et j'entends son « adieu ». Je vais à sa rencontre et lorsque j'arrive à son niveau, papa a disparu. Je me réveille en sueur, à 3 heures du matin, et confie mes angoisses à Régine : « J'ai la certitude que mon père est mort », mais tata se veut rassurante et m'assure que ses soucis de santé ne sont pas graves. Le lendemain, je me sens engourdie tout au long de la journée. Je ne parviens pas à jouer correctement et mon coach me renvoie me reposer à la maison.

Trois jours plus tard, je pars à Cotonou en compagnie de tata Régine, pour rendre visite à mon père comme tous les quinze jours, le samedi matin. Papa vit chez son frère jumeau, Francis. Habituellement, Régine me dépose en plein cœur de Cotonou, devant Dantokpa, le plus grand marché d'Afrique de l'Ouest. Puis, je poursuis mon chemin en moto-taxi. Curieusement, tata Régine insiste pour m'emmener jusqu'au domicile de mon père.

Lorsque j'arrive à destination, je découvre toute la famille réunie : mes oncles, ma tante et mes cousins. Tata Célestine fait aussi partie des convives. Habituellement très occupée, Célestine est conseillère du chef de l'État, Thomas Boni Yayi, sur les questions énergétiques. J'imagine que si elle a fait le déplacement l'heure est grave et comprends instantanément que mon intuition était bonne.

Je lis la tristesse sur tous les visages. Pour ma part, je ne parviens pas à pleurer la mort de mon père. Mon frère et ma sœur nous ont rejoints. Je dois en priorité m'occuper d'eux et veiller à leur bien-être.

Je sais ce qu'est la mort, tandis qu'Arnold et Laurette, plus jeunes, me demandent si notre père va revenir. Je leur explique, avec des mots simples, que nous ne le reverrons pas et que nous allons devoir l'enterrer. Tata Célestine et tata Régine restent quelques instants à mes côtés, pour m'épauler.

Maman n'est pas en état d'assister à l'enterrement, elle lutte pour sa survie. Je participe activement à l'organisation des funérailles alors que je ne suis qu'une enfant. Je prévois les tenues assorties pour toute la famille, dans un tissu bleu nuit pour les pantalons et les jupes, et des chemises à carreaux bleus et blancs. C'est une manière de distinguer la famille, lors de l'enterrement.

Nous faisons aussi confectionner des pagnes pour les invités. L'origine du pagne remonte au début du XIXe siècle, lorsqu'une société néerlandaise en faisait le commerce dans les villes côtières d'Afrique de l'Ouest. Depuis lors, ce tissu appelé wax est devenu un incontournable de la mode. J'en possède de toutes les couleurs. Papa portera quant à lui une chemise blanche et un pantalon foncé pour son ultime voyage. Une fois qu'il est inhumé, j'apprends que mon père souffrait de problèmes de foie, mais je n'ai jamais pu savoir précisément ce qui avait causé son décès.

Émotions nouées

Nous enterrons papa dans son village natal, près de Dassa. La veille des obsèques, la dépouille de mon père est exposée à la famille et aux amis. Je ne parviens pas à définir ce que je ressens lors de ce moment intense. Je me coupe de mes émotions, pour ne pas souffrir et tenir debout. Je suis en revanche rattrapée par une scène que j'ai vécue lorsque j'étais petite. J'ai quatre ans et maman me demande d'aller chercher mon père pour le déjeuner. Lorsque je pénètre dans la chambre, papa fait le mort dans le lit. Je ne comprends pas qu'il s'agit d'une plaisanterie. Terrifiée, je suis prise de panique et hurle de désespoir : « Papa, réveille-toi, réveille-toi ! Ta blague n'est pas marrante. »

Devant le corps de mon père, je prononce alors ces mots, sans savoir pourquoi : « On a compris papa, tu peux te réveiller maintenant. » Mon oncle s'approche de moi, il me prend par les épaules et tente de me faire sortir de la pièce, afin que je reprenne mes esprits. Il me demande également de ne pas toucher au corps. Mais je réagis avec agressivité : « Laisse-moi tranquille, c'est mon père ! » Je ne peux me résoudre à le quitter. Je ne pleure toujours pas, mais je suis hébétée, engourdie par l'effroi. J'agis comme un robot, détachée de la réalité, alors que je suis pourtant d'une nature sensible et émotive.

Les pleurs d'Arnold ne tarissent pas et Laurette, bien qu'âgée de cinq ans seulement, est également effondrée. Je les prends tous les deux dans mes bras pour tenter de les apaiser.

À l'église, c'est moi qui lis l'éloge funèbre, ainsi que les Évangiles. Je participe à toutes les étapes de l'enterrement, mais je ne suis pas là.

Le soir qui suit les funérailles, nous partons rejoindre maman qui loge chez ma grand-mère, non loin de

Dassa. Cela fait huit mois que je ne l'ai pas revue. Elle est méconnaissable : blafarde et cadavérique. Certains membres de notre entourage pensent même qu'elle a été envoûtée. Je n'adhère pas à ce schéma de pensée, mais je suis en revanche convaincue que tout est une question d'énergie ici-bas. Par exemple, en étant négatif, l'on attire de mauvaises ondes. Et le contraire est vrai !

Arnold et Laurette sont recueillis par mon oncle Francis chez qui ils vont vivre. Pour moi, il n'est pas question de rester à Cotonou. Je souhaite continuer ma vie à Porto-Novo, pour jouer au basket.

Papa m'a toujours soutenue et m'a insufflé la force de me battre. Son décès est un électrochoc pour moi, ce qui me convaincra, quelques années plus tard, de quitter le Bénin pour la France, afin de lui prouver qu'il avait raison de croire en moi.

Je ressens l'envie de lui prouver de toutes mes forces que je suis capable de devenir basketteuse professionnelle. Je prends conscience du chemin qui m'attend et souhaite qu'il soit fier de moi, de là-haut.

Je n'ai pas versé de larmes concernant la mort de mon père pendant de longues années. J'ai commencé à réellement effectuer mon travail de deuil en 2012, soit plus de dix années après sa disparition.

Je suis convaincue que mon père ne m'a jamais quittée depuis toutes ces années. Il est présent dans ma vie et m'accompagne à sa façon, à toutes les étapes. À chaque moment difficile, j'imagine nos discussions et les mots qu'il aurait employés pour me réconforter. Cela m'aide à avancer sur mon chemin.

Je ne suis jamais retournée sur sa tombe. Papa n'aimait pas aller dans son village natal : sa famille avait une mentalité qu'il n'appréciait pas. Ingénieur, mon père est le seul membre de sa famille à avoir réussi professionnellement. Il était le phare qui éclairait sa famille et a notamment fait construire une maison pour ses parents, afin de les mettre à l'abri. Il s'est toujours montré présent lorsqu'ils avaient besoin d'argent. Mais j'ai perçu peu de gratitude envers lui de leur part. De ce fait, je n'ai jamais tissé de liens solides avec mes grands-parents paternels.

J'ai en revanche noué une relation fusionnelle avec ma grand-mère maternelle. C'est une « petite dame » d'un mètre soixante-quinze, chaleureuse et aimante. Enfants, dès que nous arrivons chez elle avec Arnold et Laurette, elle s'enthousiasme et crie à qui veut l'entendre « *Kwabo adjanou !* » qui signifie « Bienvenue aux miens ! ». Je ressens un plaisir fou lorsque je l'accompagne dans ses champs d'acajou. J'aime déguster cette pulpe qui dégage un parfum sucré extraordinaire. Avec ma grand-mère, nous dévissons les noix pour les faire griller et les vendre au marché. N'ayant ni gaz ni électricité, nous ramassons du bois sec, afin qu'elle puisse cuisiner ses différents mets au feu de bois.

Mon arrière-grand-père a pris le patronyme d'Edjo qui signifie « serpent » dans notre dialecte. La légende raconte que mon arrière-grand-père était chasseur de lion. Pour se protéger des félins, il ingurgitait des plantes qui lui permettaient de devenir invisible face à l'ennemi. Un jour, il a oublié ses plantes magiques et s'est retrouvé face à un lion. C'est un gros serpent qui lui aurait sauvé la vie. C'est depuis ce jour-là qu'il a choisi de se nommer Edjo, en hommage au serpent qui est devenu son totem.

Mon grand-père a investi dans plusieurs hectares de brousse pour se consacrer à l'agriculture : des champs de coton, de maïs, d'acajou ainsi que des rizières. Ce sont des lieux splendides qui m'ont émerveillée au cours de mon enfance.

Célestine et Régine

Je me rends à Cotonou tous les week-ends pour passer du temps avec Arnold et Laurette tout en poursuivant mon chemin, sans mon père.

Célestine et Régine sont devenues des mamans de substitution. Je les appelle d'ailleurs « maman » toutes les deux. La mienne est souffrante, en arrêt maladie, et je ne la vois pas. En Afrique, il est courant de nommer ainsi des femmes très proches. Par ailleurs, certaines familles sont polygames et les enfants ont dès lors plusieurs référentes qui font office de maman.

Célestine est une femme à poigne, au cœur tendre. Ingénieur de formation, c'est une pionnière à bien des titres. Outre ses fonctions auprès du président du Bénin, elle est également directrice de la Société béninoise d'électricité et d'eau (SBEE). Dans les années 1970, Célestine est la première femme du pays à grimper sur les poteaux électriques pour les réparer. Du jamais-vu ! Elle est également basketteuse professionnelle et capitaine de l'équipe nationale du Bénin. Elle incarne un modèle de réussite qui m'inspire beaucoup. En matière de réussite, ma mère fait aussi office de modèle. Elle a vécu seule et élevé quatre enfants, comme une mère célibataire. Je suis admirative de sa force.

Célestine et Régine me fournissent désormais mon argent de poche à la place de mon père et m'apportent toute l'affection dont j'ai besoin. Rien ne les y oblige pourtant. Cette dévotion me touche en plein cœur et je ne l'oublie jamais. Je me sens très entourée par ces femmes ; nous formons un *girl power*, une dynamique spéciale, où l'on se réconforte et l'on rit ensemble.

Lorsque je pars vivre en France en 2003, mon petit ami est heureux de me voir enfin réaliser mon rêve de devenir basketteuse professionnelle. Il me rejoint trois années plus tard, en 2006, et nous nous marions en 2010, à Tarbes. C'est la suite logique de notre relation.

Je pense qu'il est l'homme de ma vie jusqu'au jour où il brise ma confiance pour toujours. À cette période, je joue en équipe de France. Mes coéquipières partent fêter notre titre de championne de France (la saison professionnelle est terminée). Blessée, je file pour ma part aux urgences. Quelques jours plus tard, le médecin de l'équipe de France souhaite me voir tard dans la soirée pour vérifier si je peux, malgré tout, effectuer les trois semaines de stage qui sont prévues à l'Alpe d'Huez. Je souffre d'une rupture de l'aponévrose plantaire, une déchirure du tendon de la voûte plantaire.

Trahie

Lors de mon précédent match, j'ai été contrainte de jouer sur une jambe, avec une douleur intense. Le médecin conclut que je ne pourrai pas participer au stage. Je marche d'ailleurs à l'aide de béquilles. Je demande que l'on me réserve un billet d'avion afin de rentrer chez moi, à Toulouse, où je vis avec Loïc. Je n'ai pas le temps de le prévenir de mon retour anticipé ; c'est seulement lorsque j'atterris que je l'appelle depuis l'aéroport pour lui demander de venir me récupérer. Il me répond qu'il est en ville et me demande de patienter une heure. Pressée, je prends finalement un taxi qui me dépose en dix minutes à la maison que je découvre sens dessus dessous. Loïc est sous la douche. Des verres et des canettes jonchent le sol. J'imagine que mon compagnon a festoyé avec ses amis.

Je dois passer un coup de fil important au centre de rééducation et demande, en attendant, à mon homme, de bien vouloir ranger tout ce bazar. Il est toujours dans la salle de bains quand son téléphone se met à sonner. Le début d'un message apparaît : « T'es où, bébé ? » Je suis coutumière de mots tendres, tout comme nos amis. Je ne suis pas choquée par les mots que je découvre.

Lorsque je pénètre dans la salle de bains, j'aperçois dans la poubelle du coton avec un fond de teint bien plus foncé que ma couleur de peau. J'interroge mon mari à ce sujet. Il m'indique qu'il s'est appliqué un soin pour la peau ! Je n'y crois pas un seul instant. En recoupant mes informations, je fais le lien avec le SMS que j'ai découvert et je conclus à une tromperie.

Afin d'évaluer sa réaction et les arguments qu'il va utiliser, je lui fais ouvertement part de mes doutes. Il m'autorise à contacter la personne qui lui a laissé le message délicat. Je propose à la femme qui décroche de décliner son identité en lui précisant que je suis la femme de Loïc. Mon interlocutrice répond d'un ton abrupt : « T'as qu'à lui demander qui je suis ! » Sa réponse est claire et sans appel. Loïc ne nie pas les faits.

Je sens monter en moi une immense bouffée de colère et de mélancolie. Ma rage et ma peine sont incommensurables. De la part de l'homme que j'ai épousé, c'est la trahison ultime. Je lui demande de quitter les lieux et d'aller rejoindre sa nouvelle amie, tout en lui fixant un ultimatum : il a trois mois pour se trouver un nouveau toit. Ainsi se termine une histoire d'amour de plus de dix ans…

Les jours qui suivent sont des moments d'errance. Je connais des soirs de détresse et des matins presque infranchissables. Je finis par confier à mes parents ce qui s'est passé. Ma mère tente de calmer le jeu : « C'est un homme, Isabelle, essaie de lui pardonner. » Loïc est désormais comme son fils. Elle s'occupe presque davantage de lui que de moi. C'est un choc au sein de la famille. Mais ma confiance est rompue. Ma sœur comprend mes sentiments, même si elle est attachée à mon époux. Laurette a quatorze ans et vit avec nous. Je la considère comme ma fille, à cette époque.

Certaines femmes s'égarent lorsque leurs hommes disparaissent. Je ne suis pas de celles-là.

4

JE DÉBARQUE EN FRANCE

Ma première tentative pour rejoindre la France remonte à 2001. Tata Célestine, la présidente de l'Association des anciennes basketteuses du Bénin, envoie une vidéo de mes matchs à l'équipe d'Amiens (en Afrique, on appelle « tata » une femme plus âgée que soi, en signe de respect). J'obtiens rapidement leur verdict. Je suis recalée, mais je ne vis pas mal ce refus. Un brin fataliste, j'ai toujours la conviction que les choses qui m'attendent viendront à la bonne heure. En parallèle, je poursuis mes compétitions en athlétisme et progresse de jour en jour. Ma discipline préférée est le lancer de poids où j'excelle. À chaque compétition, je pulvérise mon record précédent et prends goût à cette ascension.

Deux années plus tard, en 2003, tata Célestine prend contact avec le responsable d'un centre de formation de handball situé dans les Pyrénées. L'homme profite d'un séjour au Bénin pour venir filmer mes entraînements à Porto-Novo. À la fin du match, nous faisons connaissance et il me demande s'il y a un club français que j'aimerais intégrer. J'éprouve quelques difficultés à lui répondre, étant donné que je n'ai jamais vécu en France. À la suite de notre échange, Thomas décide d'envoyer la précieuse vidéo au club de Tarbes, dont il connaît les responsables.

Cette même année, je décroche des minimas dans la discipline du lancer de poids afin de participer aux championnats du monde de Sherbrooke, au Canada, dans la catégorie des moins de dix-huit ans. Satisfaite de mes résultats, l'Association internationale des fédérations d'athlétisme (IAAF en est le sigle américain), devenue par la suite World Athletics, m'envoie quelques jours plus tard, au mois de juin 2003, un courrier accompagné d'un billet d'avion pour le Canada. Ce n'était jamais arrivé au Bénin auparavant. Aucun athlète n'avait réussi à se qualifier. Trois autres athlètes béninois qui bénéficient d'une invitation, une *wild card*, me suivent au Canada, ainsi qu'un accompagnateur. La fédération me fournit également de l'argent de poche pour que mon séjour à Sherbrooke se déroule au mieux. Ma joie est immense.

À une semaine de mon départ pour les championnats du monde, Célestine m'appelle pour m'annoncer que le club de Tarbes n'a pas retenu ma candidature. Fidèle à moi-même, je ne me formalise pas de ce nouveau rejet. Je ne ressens ni colère ni frustration et je pars, la tête haute, pour un mois au Canada. Les deux premières semaines sont consacrées aux entraînements. Les championnats se passent pour le mieux. À l'épreuve du lancer de poids, je me classe treizième mondiale sur trente-cinq candidats. Âgée de dix-sept ans, je suis de nouveau la plus jeune des compétitrices. Je suis également la plus grande de tous les athlètes.

À l'issue de la compétition, l'entraîneur de l'équipe américaine de lancer de poids vient à ma rencontre : « Je t'ai remarquée, tu as beaucoup de potentiel. J'ai suivi ta progression au cours des dernières années. Comment t'entraînes-tu ? » Je lui réponds avec humilité que je ne m'entraîne jamais et que je me contente de jouer au basket. Il est éberlué ! Il ne s'explique pas comment je parviens à obtenir malgré tout de telles performances et revient à la charge : « Tu ne fais pas de la musculation au moins ? » Je réponds par la négative. L'entraîneur s'approche alors du chef de la délégation de l'université d'Alabama qui est responsable du secteur du lancer de poids. Je les vois discuter avec agitation. Puis, tous deux viennent me proposer une bourse d'étude à l'université d'Alabama qui me permettrait de poursuivre ma scolarité tout en m'entraînant. Les États-Unis présentent en effet l'avantage de pouvoir combiner la poursuite des études et la pratique d'un sport de haut niveau sur un même lieu.

Divine surprise !

Avant de rentrer à la maison, j'appelle maman pour lui raconter le déroulement de mon voyage et lui faire part de cette proposition. Elle m'apprend que tata Célestine cherche à me joindre. Je la rappelle dans la foulée : Célestine m'annonce que le club de Tarbes a changé de coach durant l'été. Ce n'est plus Damien Leyrolles mais Pascal Pisan qui a pris sa place. Pisan a vu la vidéo avec le responsable du centre de formation et semble conquis. « Le coach te veut ! De plus, ils n'ont personne de ton gabarit », se réjouit Célestine.

Comme cela arrive souvent dans la vie, on traverse souvent pendant des mois, voire des années, le désert, puis le monde se réveille et on finit par avoir l'embarras du choix ! Je me trouve face à un vrai dilemme. Vais-je orienter définitivement ma carrière vers l'athlétisme ou vers le basket ? Ai-je envie de vivre aux États-Unis ou en France ?

Pour m'aider dans ma décision, je dresse une liste des avantages inhérents aux deux disciplines. Je sais notamment que l'athlétisme me permet de voyager. J'en ai très envie. Au Bénin, je n'effectue pas de déplacement avec le basket, puisque aucun championnat n'y est organisé. Perdue, je demande de l'aide à ma mère et lui pose clairement la question : « Je fais quoi, maman ? » Les deux propositions qui s'offrent à moi sont alléchantes. J'ai conscience de progresser aisément en athlétisme sans pratiquer d'entraînement spécifique. De l'autre côté, j'ai la possibilité de pratiquer un sport d'équipe. Le côté social ainsi que le fait de gagner en groupe m'attirent. Intuitivement, je ressens une préférence pour cette discipline qui offre la possibilité de partager les joies d'une communauté.

Maman me fait remarquer que je ne maîtrise pas l'anglais, ce qui me pénalisera aux États-Unis. En revanche, si je vais en France, je n'aurai pas d'effort à faire en matière linguistique. Je serai également plus proche du Bénin. Il existe un vol direct Paris-Cotonou. « Si cela ne marche pas, tu peux rentrer, la maison sera moins loin », me fait remarquer maman. Ses arguments font mouche. C'est décidé, je pars à Tarbes !

Avant de poser mes valises en France, je sais toutefois que ma convention de formation n'est pas garantie. Le coach me fait ouvertement part de ses doutes : il ne sait pas si je vais réussir à m'intégrer à mon nouvel environnement ainsi qu'à l'équipe. Il attend par ailleurs de savoir si je vais me montrer à la hauteur de ses espérances. C'est ainsi qu'il me propose un contrat pour une année, alors que la convention habituelle est de trois ans. Même si ce projet ne me procure pas une totale sérénité, je ne lâche pas des yeux mon envie de devenir professionnelle et accepte sa proposition. Ma nouvelle vie sera désormais en France. Je me promets de faire de mon mieux pour m'acclimater à cette existence toute neuve, loin de l'Afrique, mais aussi de faire mes preuves. Nous sommes en 2003, j'ai dix-sept ans et l'avenir s'ouvre devant moi.

Lorsque j'arrive à Tarbes, je ne connais rien de la France. J'y ai toutefois une attache symbolique. Mon grand-père maternel a fait la guerre de 1939-1945 pour la France. C'est un ancien combattant et, grâce à lui, nous aurions pu prétendre à la nationalité plus tôt. Mais mes aïeux ont connu quelques difficultés et ne sont pas parvenus à s'en occuper ; il aurait fallu se lancer dans une bataille administrative pour prouver l'engagement de mon grand-père. Mes parents ne l'ont pas fait non plus.

Mon intégration se révèle plus compliquée que je ne pensais. Le changement de vie est abrupt. Un mois après les championnats du Canada, je me retrouve propulsée dans un pays inconnu. Afin de ne pas être complètement perdue sur le plan scolaire, on me propose de repiquer ma première, parce que le niveau et les programmes ne sont pas similaires à ceux du Bénin. J'effectue donc ma rentrée en classe de première STT, au lycée Marie-Curie de Tarbes, où je suis interne. Je suis nourrie et logée par le club. J'intègre une classe sportive où certains élèves se consacrent au basket, au rugby, au foot, ou encore à des sports individuels tels que l'escrime, mais la classe n'est pas composée que de sportifs. J'ai du mal à tisser des liens avec mes camarades, car je dispose de peu de temps pour les contacts. Dans ma classe, il y a toutefois une autre basketteuse qui joue avec moi : Aurélie Leclerc. Nous partageons le même emploi du temps et des affinités, ce qui crée des liens. Il y a aussi Benji, un jeune artiste qui s'adonne aux tags à ses heures perdues, lorsqu'il sort du lycée. L'art m'interpelle et c'est par ce biais que nous faisons connaissance et devenons amis.

Dépouillée

Je n'ai que mille euros en poche lorsque je m'installe dans cette petite cité du Sud-Ouest. Maman a mis scrupuleusement de côté des économies pour moi. C'est un effort considérable pour elle puisqu'elle dispose d'une maigre retraite, l'équivalent de deux cents euros mensuels. Mon oncle m'a offert quant à lui le billet d'avion. Lorsque j'arrive pour la première fois en cours de basket, l'entraîneur me demande, interloqué : « Mais où sont tes affaires de sport ? Tu n'as pas de baskets ni de tenue ? » Je n'avais pas prévu ces nouvelles dépenses.

Afin d'être opérationnelle au plus vite, je me rends sur-le-champ chez Decathlon et m'offre tout l'équipement dont j'ai besoin, en plusieurs exemplaires : des paires de baskets, ainsi que des shorts, des brassières, des cyclistes et des débardeurs. Je brûle ainsi la moitié du budget que j'avais planifié pour une année ! Je n'ai aucune idée de la manière dont je vais pouvoir affronter les prochains mois et m'inquiète en y pensant. Je dois également investir dans un téléphone afin de pouvoir joindre maman et Loïc. Au bout de trois mois, je me retrouve sans un sou en raison de toutes les dépenses que je n'avais pas anticipées. Les semaines qui suivent, je n'ai même pas de quoi m'offrir des serviettes hygiéniques. Je suis contrainte de les confectionner seule, avec du papier toilette que j'assemble de manière anarchique. Devant ces difficultés, je mets de côté mon orgueil et fais part de mes soucis à Thomas. Il me propose gentiment de venir une fois par semaine dans le bureau de son entreprise, implantée à Tarbes et partenaire du club. Je peux ainsi joindre Loïc et ma mère. Il me donne également un peu d'argent pour couvrir mes besoins élémentaires.

Quelques semaines plus tard, Aurélie Leclerc m'explique que le service social du lycée pourrait aussi m'apporter son aide. Au bout de quelques jours, je me décide à m'y rendre. Le personnel se montre compréhensif et me fournit désormais différents produits indispensables : gel douche, déodorant, serviettes hygiéniques. Cela durera jusqu'à la fin de mes années de lycée.

Sur les parquets, j'ai une gestuelle qui m'est propre, grâce à mon entraîneur du Bénin. Ce qui me manque, c'est l'équilibre entre ma force naturelle et le cardio. Je ne suis pas dépourvue de technique, je l'ai bien travaillée au Bénin, mais je dois muscler mon coffre. Lors de ma première année en Cadettes, avant d'être intégrée à l'équipe première, je passe ainsi mon temps à courir, courir et courir. Il me faut du temps, du courage et une forme d'abnégation, avant de trouver mes marques. Mais je n'ai pas failli. Je me connais. Surprendre par ma faculté d'adaptation constitue ma marque de fabrique. J'en ferai de nouveau usage dans d'autres écuries européennes.

Au bout de six mois seulement, Pascal Pisan estime que j'ai beaucoup de potentiel. Il me propose de signer une convention de formation pour trois ans. Je me sens apaisée et peux m'installer confortablement dans ma ville d'adoption et me projeter jusqu'à mes vingt ans.

J'ai des journées à rallonge. Outre les cours, je participe en effet à trois entraînements de basket plusieurs après-midi par semaine : avec les cadettes, en Nationale 3, puis avec les professionnels. Je termine le lycée à 16 heures, puis un bus m'attend à 16 h 15 pour rejoindre les parquets. Je suis de retour à l'internat à 21 h 30 où je dîne d'un maigre repas froid, généralement une boîte de macédoine ou de thon.

Je n'ai donc guère le loisir de réviser les matières du bac. Le dimanche, je dors toute la journée afin de récupérer un peu. Le lundi matin, je suis censée commencer la semaine par un cours d'histoire-géographie, mais je suis tellement épuisée que je poursuis ma nuit au lieu de me lever. La professeure ne comprend pas mes absences. Les rares fois où je me rends en cours, je suis morte de fatigue et je dois aller à l'infirmerie. Pleine d'empathie, la soignante me propose de venir régulièrement me reposer dans son local. C'est ainsi que je commence ma semaine : en dormant à l'infirmerie !

En plus de ma fatigue, je ne comprends rien au cours d'histoire telle qu'elle est enseignée. Je me débrouille correctement en géographie, mais je n'ai en revanche presque jamais entendu parler de l'histoire de France. Lorsque l'enseignante me parle de la Libération, je ne sais pas vraiment à quoi elle fait référence. Même si le Bénin a été un protectorat dès 1884, puis une colonie française jusqu'en 1960, on y enseigne uniquement l'histoire des royaumes et de l'esclavage. Le fossé est saisissant entre les deux contrées. Mais, lorsque je suis présente en cours, je retiens facilement les informations que l'on me transmet. En revanche, si je dois partir en déplacement, il m'est très difficile de comprendre les notes que me prêtent mes camarades.

L'enseignante en comptabilité est ma professeure principale. Durant toute l'année scolaire, elle m'explique que sa fille qui souhaite devenir danseuse professionnelle a négligé ses études. Elle dresse un parallèle avec mon histoire et me prédit de manière récurrente un avenir scolaire sombre. Ma professeure est persuadée que j'échouerai au bac, ce qui ne me rassure aucunement. Cela dit, je ne m'inquiète pas outre mesure. J'ai foi en la vie et en mes capacités.

Je découvre la langue espagnole. À mon arrivée en France, je suis obligée de rattraper toutes les années de collège. Au Bénin, les deux seules langues que l'on enseigne sont le français et l'anglais. Espagnole d'origine et passionnée par son métier, ma professeure me propose des cours particuliers pour pallier mon retard, ce qui me permet de parvenir rapidement à un niveau correct.

Puis, je me frotte enfin aux subtilités de la philosophie. Là, c'est le coup de foudre. Notre prof est aussi singulière qu'intéressante. J'apprécie le raisonnement qu'offre la matière. Il faut réfléchir et se mettre en situation. De manière générale, je n'aime pas me conformer à une idée toute faite, préétablie. J'aime susciter la contradiction et l'étude des différents courants de pensée me ravit. Quelques années auparavant, l'un des sujets de l'épreuve de philosophie au Bénin était : « Qu'est-ce que l'audace ? » Un élève avait répondu en une seule ligne : « L'audace, c'est ça. » Cet événement m'a interpellée et plu.

Bachelière !

Le jour des épreuves du baccalauréat, je prie de toutes mes forces pour tomber à l'oral sur la géographie plutôt que l'histoire. Le culot en bandoulière, j'explique à l'examinateur que je vis dans le pays depuis deux années seulement et que je n'ai pas pu suivre avec assiduité les cours. J'ajoute que, si je tombe sur une question d'histoire, il aura le loisir de me mettre d'emblée un zéro pointé. Attentionné, le professeur me concocte un questionnaire cousu main. Il m'interroge sur les voyages que j'ai effectués et les pays que j'ai découverts. Impressionné par mon parcours de globe-trotteuse, l'homme me confie qu'il ne connaît même pas Paris...

Contre toute attente, je décroche mon baccalauréat en 2005, avec une note excellente en comptabilité ! Même si je n'apprécie guère cette matière, je me suis toujours très bien débrouillée. Heureuse, je cours annoncer mon succès à ma professeure de compta. Elle reconnaît avec humilité que ses prédictions de mauvais augure étaient erronées.

Le bac en poche, je peux me consacrer au sport à plein temps. Je me sens sereine et accomplie car je sais désormais que, si je me blesse, je pourrai reprendre le cours de mes études, grâce à ce bagage indispensable. J'ai conscience de l'importance d'avoir suivi la voie d'une éducation « classique » prônée par mes parents.

Le club me fait signer un contrat de travail pour intégrer l'équipe professionnelle, en première division. Dans les années 1990, Tarbes est l'un des grands clubs de basket féminin. C'est l'âge d'or du Tarbes Gespe Bigorre (TGB) qui remporte notamment la Coupe d'Europe Ronchetti, en 1996. Cette année-là se révèle faste, puisque le TGB remporte également la Coupe de France, trophée conservé à l'issue des compétitions de 1997 et 1998. Aujourd'hui, le club traverse une période moins éclatante, mais demeure solidement arrimé au championnat professionnel.

Un matin, alors que je me prépare à m'entraîner, j'entends le président du club, Jean-Pierre Siutat, discuter avec ses collègues à mon sujet : « Cette fille a du talent. On a tout intérêt à la naturaliser. » En effet, en tant que Béninoise, je mobilise la place d'une bonne joueuse américaine qui pourrait rejoindre notre équipe. Ainsi, lorsque Jean-Pierre me propose de devenir française, je dis oui tout de suite. Il me convainc facilement : « Après, tu verras, tu ne seras plus sur un marché où il n'y a que deux places par équipe, ce qui est forcément plus restreint. » C'est ainsi qu'à la fin de ma troisième année j'obtiens ma naturalisation. Pour moi, la petite Béninoise qui voulait gagner sa vie en jouant au basket, c'est un rêve. Si l'on m'avait annoncé mon parcours en lisant l'avenir dans une boule de cristal, je ne l'aurais pas cru. C'est inespéré mais je me dis que c'est mon destin. Je ne parviens pas à l'expliquer autrement. De nombreuses personnes ont fait avant moi cette démarche, qui s'est soldée par un échec. Des milliers d'autres l'ont fait après moi et cela n'a pas fonctionné non plus. Ce devait être mon chemin. Je crois fermement en la force du destin.

Grâce à mon sésame, je n'ai plus besoin de faire la queue chaque année, pour renouveler mon visa, devant l'ambassade de France à Cotonou, de 5 heures à 8 heures du matin. Face à l'ambassade, nombreux sont ceux qui achètent un passe-droit auprès du gardien pour être parmi les premiers servis. Il m'est arrivé à plusieurs reprises de faire le pied de grue, à l'aube, avant que l'on m'annonce soudain : « On ne reçoit plus personne aujourd'hui. Revenez demain ! » Le lendemain, rebelote, l'enfer de l'attente. Quel soulagement de ne plus avoir à vivre ces rendez-vous glaçants.

Je décide cependant de conserver la nationalité béninoise. Posséder cette double appartenance est enrichissant. C'est une vraie chance. Toute ma famille vit au Bénin. De fait, je ne me suis jamais coupée de mon pays natal. Il n'y a que deux étés où je ne suis pas rentrée. Je ressens le besoin de voir ma mère, mes frères et toute ma famille proche. En France, je n'ai que ma sœur. Elle vit à Saint-Chamond, dans la Loire. Elle s'est mise un temps au basket et a même fait ses armes au centre de formation de Tarbes, mais cette discipline n'est pas son « dada ». C'est une artiste dans l'âme qui peint et écrit. Elle a même lancé une ligne de lingerie qui s'adresse aux femmes rondes.

Boute-en-train

Sur le plan culturel, je suis comme un caméléon. J'ai visité une vingtaine de pays et ma mère m'a toujours dit : « Quand tu arrives quelque part et que les gens marchent sur la tête, marche sur la tête, fais comme eux et ne te pose pas de questions. » J'ai toujours été dotée d'une grande capacité d'adaptation. Je me suis donc vite acclimatée à la vie en France. Lorsque j'entends l'hymne à chacun des matchs, je sens que je fais partie de la nation. Par ailleurs, le lien avec le public s'est tissé tout de suite. Avant même que les gens me connaissent en tant que joueuse, je pense qu'ils me repèrent en raison de ma grande taille. De plus, à mon arrivée, j'affichais un look bigarré avec mes tresses multicolores qui attirent l'œil. J'aime changer de tête et ajouter à ma chevelure des mèches synthétiques bleues ou violettes. Je sens que les gens apprécient cette excentricité. Les autres filles de l'équipe se montrent généralement plus lisses. J'espère offrir quelque chose qui va au-delà du terrain. Parfois, j'ai la sensation que le public est porté par ma joie de vivre.

Le climat de la France n'est pas tendre avec mes boucles afro. Le fond de l'air est plus sec, ce qui déshydrate ma peau et mes cheveux. C'est l'une des raisons pour lesquelles je me coiffe souvent de tresses, afin de les protéger et éviter qu'ils deviennent cassants. Historiquement, cette coiffure provient du Sahara où les hommes et les femmes avaient pour coutume de se masser la chevelure avec de la terre rouge afin de l'hydrater.

Quelque chose m'interpelle ici d'emblée. Je ne parviens pas à comprendre pourquoi les gens se plaignent en permanence. Au Bénin, je voyais mes camarades jouer avec la même paire de baskets pendant quatre ans. Une paire avec des trous dans la semelle, alors que l'on évoluait sur un terrain dur. Au Bénin, avec rien, on essaie de faire beaucoup. Quand je découvre les infrastructures de Tarbes, je suis frappée de voir mes voisins se lamenter sans raison. Ils ont tout pour réussir et n'ont besoin que de leur volonté pour dépasser leurs limites. Avec tout ce qu'il y a ici, on ne peut que soulever des montagnes !

L'autre point noir qui m'atteint est le racisme dont je souffre de manière récurrente. À titre d'exemple, lorsque je dîne au restaurant ou me rends au supermarché pour faire mes courses, je sens parfois des regards peser sur moi, en raison de ma couleur de peau. Dans une boutique, il arrive fréquemment qu'une vendeuse vienne à ma rencontre me demander si je ne me suis pas égarée. J'ai vécu des expériences de cette nature à la pelle.

Je n'ai paradoxalement jamais essuyé de telles rebuffades lorsque je vivais à Istanbul et jouais au Fenerbahçe, entre 2013 et 2014. Loin des clichés, cette ville cosmopolite m'est apparue ouverte et tolérante.

Ces outrages vont forger en moi une solide envie de défendre mes droits et de prouver qu'une place légitime m'est réservée dans le monde.

5

CHAMPIONNE DE FRANCE À TARBES !

Lorsque Pascal Pisan me fait signer ma première convention de trois ans, il m'annonce que j'ai le potentiel pour rejoindre, un jour, l'équipe de France. Je n'en crois pas mes oreilles ! Je suis jeune et n'ai encore rien démontré de mon talent. Cette révélation a toutefois le don de réchauffer mon cœur et de booster mon mental.

Je joue officiellement en Nationale 3 durant l'année du bac et conserve un souvenir mémorable du jour où nous devons disputer un match important. Avant de rejoindre le terrain, je dois à tout prix faire un saut de puce à Toulouse où un ami béninois m'attend. Je souhaite lui transmettre un colis de vêtements pour ma mère, puisqu'il est sur le point de repartir au Bénin. Je ne peux rater cette opportunité sous aucun prétexte.

Une fois ma mission accomplie, Jean-Pierre Siutat est chargé de me récupérer à une station de train qui se trouve à proximité du lieu du match. Lorsque je descends de mon wagon, j'appelle Jean-Pierre car je ne vois pas sa Touareg que je ne loupe habituellement jamais. Au moment où je déchiffre le nom de la gare, je m'aperçois que je me suis trompée d'arrêt ! Au bout du fil, Jean-Pierre est furieux. Il doit reprendre la route en sens inverse et le détour nous vaut une heure de retard ! Lorsque nous nous retrouvons enfin, Jean-Pierre me jette un regard noir dans la voiture. Il me pourrit pendant tout le trajet. J'essaie de me faire toute petite (ce qui est loin d'être simple pour moi !), je me confonds en excuses. Je lui répète maintes fois que je suis désolée, mais il ne décolère pas et me dit : « T'as intérêt à assurer pendant le match. Si on perd, ce sera ta faute ! » L'atmosphère est tendue. Nous roulons à 150 kilomètres/heure et il pleut des cordes.

Nous arrivons enfin à destination et l'échauffement touche à sa fin. Je cours au vestiaire et m'entraîne « sous le cercle » (sous le panier), de façon à rapidement accélérer mon rythme cardiaque. J'arrive sur le terrain le couteau entre les dents et, contre toute attente, je dispute l'un des meilleurs matchs de ma vie ! Je marque 37 points et gratte 23 rebonds. Nous remportons le match haut la main. Tout le monde peut enfin se détendre !

Deuxième père

Au cours de ma deuxième année à Tarbes, je quitte l'internat. Le club nous loue une maison au cœur de la ville où je vis avec d'autres basketteuses, parmi lesquelles Aurélie Leclerc, Marion Laborde et Fay Abdoulaye. L'ambiance qui règne au quotidien est bon enfant.

Jean-Pierre fait office de deuxième papa pour moi qui ai perdu mon père très jeune. Tout témoignage d'affection me touche. Je souffre d'un déficit d'amour incroyable, dont je prendrai pleinement conscience des années plus tard. Pour pallier ce manque, j'ai un besoin irrépressible de plaire aux gens, d'attirer l'attention. Je passe ainsi beaucoup de temps dans la famille de Jean-Pierre, le week-end. Mes coéquipières retournent voir leurs proches. Quant à moi, je n'ai nulle part où aller. La chaleur de son foyer est réconfortante. La femme de Jean-Pierre fait, en outre, partie de mon équipe, ce qui tisse des liens supplémentaires entre nous trois et une relation filiale s'installe. Je noue un lien similaire avec Pascal Pisan, le coach des professionnelles.

Mes premières années à Tarbes consacrent également la naissance de quelques rares amitiés. Lorsque l'internat est fermé pendant les vacances scolaires, le club m'envoie vivre dans un foyer de jeunes travailleurs. C'est là que je fais la connaissance de Stéphane Schneider, à la fin de mon année de première. Stéphane, que je surnomme « Ya-Ya », travaille chez Airbus et ne s'intéresse nullement à la basketteuse que je suis à l'instant de notre rencontre. Il apprécie simplement ma personnalité. Pour ma part, c'est sa simplicité qui m'attire. Nous passons nos soirées à refaire le monde, jusque tard dans la nuit. Malgré les kilomètres qui nous séparent au cours des années qui suivent, notre amitié demeure intacte et pure. J'emmène Ya-Ya découvrir le Bénin. Il se passionne pour mon pays et sa culture et me demande sans cesse de m'accompagner lorsque je rentre voir ma famille, au cours de l'été. Cette bulle d'oxygène est vitale pour me recentrer sur les plaisirs simples de la vie et m'échapper du milieu sportif où les sentiments sont exacerbés. C'est un choc culturel, pour moi, de découvrir à quel point les sportifs sont placés sur un piédestal et captent la lumière. Je ne suis qu'une débutante et le traitement que je reçois est déjà démesuré à mes yeux. Les applaudissements crépitent un peu trop fort.

Lorsque je signe mon premier contrat, je me retrouve tout à coup entourée d'une foule de gens qui souhaitent que nous devenions amis. Mais lors des tempêtes que je traverse, je constate, déçue, que mes prétendus confidents ne sont plus à mes côtés. En revanche, lorsque ça brille à nouveau pour moi, ces mêmes « amis » sont de retour. Je les trouve agaçants dans leur théâtralité et d'une amabilité obséquieuse que je perçois comme fausse. Sourire en coin, regard qui frise, ils sont comme des enfants. La méchanceté en plus, la pureté en moins. Il me faut rapidement faire le tri parmi bon nombre de ces personnes que je juge malsaines. Je décide de fuir ce type de relation. Un black-out assumé vaut mieux que des conversations stériles.

Avec Stéphane, Nadia est mon autre amie sincère. Lorsque nous nous rencontrons, elle prépare l'école de police et elle est serveuse en boîte de nuit en parallèle pour joindre les deux bouts. Toutes deux très fêtardes, nous sortons ensemble quatre fois par semaine, jusque tard dans la nuit. Nous allons danser, mais je ne bois pas une goutte d'alcool. Dans l'appétit de nos vingt ans, nous nous rendons jusqu'à Pau et parfois à Toulouse, pour nous amuser en discothèque. Nous sommes jeunes, insouciantes, la vie est douce. Parfois, nous avons envie de calme, nous nous préparons alors un cocktail fruité que nous dégustons sur le canapé, en ayant des discussions animées qui ne finissent jamais ! Nous goûtons les voluptés de l'instant. Stéphane et Nadia sont les rares personnes qui sont encore présentes aujourd'hui, quinze à vingt ans plus tard. Lorsque je pars vivre dix ans à l'étranger et passe plusieurs mois sans donner de nouvelles, ils ne m'en font pas reproche. Au moment où nous reprenons contact, nous dressons un récapitulatif du passé, et l'on se retrouve comme si nous nous étions quittés la veille. Cela me rassure de savoir que je pourrai compter sur cette poignée d'amis sincères, auprès desquels je pourrai me confier sans crainte et ce, d'autant plus que ma relation avec ma mère s'est distendue.

Avant d'arriver en France, je n'ai pas vu maman depuis presque trois ans, à l'exception de quelques rencontres fugaces, écourtées par sa maladie. Je suis partie à Porto-Novo au cours des trois années qui précèdent mon départ pour Tarbes et, en raison de ses problèmes de santé, notre proximité s'est envolée. De surcroît, je suis devenue le « père de famille », par la force des choses. Les rôles se sont inversés pendant quelques années. Lors d'une prise de décision importante, mes frères et ma sœur m'appellent au lieu d'interroger ma mère.

Un été, alors qu'elle est guérie et que nous nous trouvons l'une en face de l'autre, je lui explique mon besoin qu'elle réinvestisse sa place de mère afin que je puisse reprendre ma place de fille. Nous parvenons à faire la paix.

J'ai besoin que ses sentiments soient verbalisés. Avant que je pose mes valises en France, maman ne m'a jamais dit « je t'aime ». Cela me manque. C'est moi qui prends l'initiative d'exprimer ouvertement mon amour pour elle. Gênée, elle me répond toujours par un « Hmm-Hmm ». La première fois où elle parvient à me dire enfin « je t'aime », je pleure sans discontinuer, comme une enfant troublée par le flot de ses émotions. Nous sommes en 2005 et je me souviendrai toujours de cet instant. Maman pensait que je connaissais la nature de ses sentiments. Cette confirmation, vitale pour moi, m'apaise instantanément.

Adieu Tarbes !

En 2010, je quitte Tarbes après y avoir joué huit saisons, au terme de mon dernier contrat qui a duré presque cinq ans. Au cours de la saison qui a précédé, en 2008-2009, je suis sacrée MVP (*Most Valuable Player*) : meilleure joueuse du championnat français. Cette récompense annuelle se fonde notamment sur le nombre de points marqués par la joueuse. Il s'agit de ma première reconnaissance officielle. À ce moment-là, Pascal Pisan est parti. Il est remplacé, en janvier 2008, par François Gomez qui dirigeait l'INSEP auparavant. Je connais un début d'année difficile, car je suis blessée au genou. De fait, je ne reprends du service qu'en janvier, au moment de l'arrivée du nouveau coach.

Lorsque François Gomez débarque à Tarbes, il semble décalé aux yeux du public et cela fait couler beaucoup d'encre. Parisien, bon vivant, il aime fréquenter les bars et les boîtes de nuit. Il vit, tout simplement. Mais sa personnalité détonne dans le milieu du basket. François a travaillé avec des jeunes à l'INSEP, ses relations avec l'équipe sont très fluides ; il nous apprend à prendre confiance en nous.

Un après-midi, il annonce à Gisela Vega, le pivot, que je vais bientôt prendre sa place. Bien évidemment, la pilule n'est pas facile à avaler pour l'Argentine. Mon arrivée s'effectue toutefois sans heurts et, en 2008, je remporte le Challenge Round. François fait tourner le jeu autour de moi. Outre la confiance qu'il m'insuffle, il m'enseigne également la constance et me dit que je suis son « élément phare ». Il m'aide à déployer mes ailes.

Ce coach parvient aisément à motiver les filles. C'est une figure paternelle pour nous toutes. Il porte d'ailleurs le même prénom que mon père. Notre relation dépasse les frontières du terrain. Je rencontre également sa compagne, Delphine Castex. En 2001, elle est apparue dans l'émission de téléréalité « Loft Story », sur M6, avant de se retirer et de se consacrer à sa vie de famille. Nous devenons rapidement proches. Lorsqu'elle tombe enceinte pour la première fois, elle me demande de devenir la marraine de son petit garçon, « Tilouis ». Cela instaure un lien familial qui nous unit pour toujours. Je considère Delphine comme ma sœur et ses enfants comme les miens. Lorsque nous dînons ensemble à son domicile, il arrive que François boude, en raison d'un match qui s'est mal passé, mais ces fâcheries sont temporaires et n'entament pas nos sentiments réciproques.

Même si mes coéquipières et moi-même sommes boostées par François, nous perdons la finale du championnat et la Coupe de France contre Bourges, pendant la saison 2008-2009. La messe est dite.

La saison 2009-2010 est ma dernière à Tarbes. Une chose compte plus que tout pour moi, afin de clore cette tranche de vie en beauté: je veux absolument partir sur une victoire. Je fais part de mon vœu à François: mon objectif est de remporter le championnat de France. La saison précédente, nous y croyions toutes et tous, mais nous avions été sèchement battues. L'équipe de la grande époque de Bourges avait su triompher, avec notamment les joueuses Cathy Melain, Céline Dumerc, Endy Miyem et Emmeline Ndongue. Une véritable armada. Nous devons à tout prix prendre notre revanche.

Lors de cette saison, François Gomez a une nouvelle fois recruté de manière intelligente. Il se transforme en outre en psy pour redonner à ses troupes un moral digne de championnes de France. Je me concentre, quant à moi, sur la somme d'efforts qu'il nous faudra consentir pour espérer décrocher un premier titre de cet acabit, dans quarante-huit heures.

La veille du match, je ne parviens pas à dormir. À 22 heures, j'appelle Jean-Pierre pour lui faire part de mes angoisses. Il est en train de dîner et l'atmosphère chez lui a l'air détendue. Je lui demande s'il pense que l'on va gagner. Il me répond avec douceur: « Bien sûr ma chérie! Repose-toi, moi je suis en train de déguster un verre de vin avec des amis, je suis serein! » Ses paroles me rassurent pour la nuit.

Le lendemain, la magie opère… Le match se déroule à merveille, ou presque. La blessure dont je souffre depuis trois mois, l'aponévrose (une inflammation de la partie plantaire du pied), dont j'ai parlé précédemment, s'intensifie, malgré mes séances régulières de mésothérapie. Nous remportons malgré tout le premier match de la finale à Bourges! Le deuxième se tiendra à Tarbes. Une fièvre s'empare de la ville pendant les trois jours qui précèdent la finale. La cité est déjà prête à festoyer. Le club n'a jamais remporté le titre de champion de France. C'est historique. Tarbes est en ébullition et se pare de mille feux, aux teintes violettes, celles du club. En prévision du match, la mairie installe un écran géant en plein cœur de la ville, place du marché Marcadieu. Ballons, banderoles et maquillage pour les enfants sont dans toutes les rues.

La première mi-temps est délicate. On perd de cinq points contre la partie adverse. Ensuite, nous reprenons la main. Lors du dernier rebond, avant la mi-temps, je fais une passe et je sens comme une lame de couteau trancher mon pied. Je pense qu'il s'agit d'une attaque et je me retourne. Il n'y a personne évidemment. J'apprendrai plus tard qu'il s'agit d'une rupture de l'aponévrose.

Jeu sur une jambe

Je quitte le terrain et pars au vestiaire pendant quinze minutes. Mon pied se raidit de seconde en seconde, je ne parviens plus à le poser à terre. L'angoisse est à son comble: je ne peux plus jouer! Je sais pertinemment que, si on ne gagne pas cette fois-ci, c'est mort et la promesse que je me suis faite s'envolera. C'est alors que François me fait cette confidence : « Si tu étais ma fille, je te déconseillerais d'y retourner. » Il sait que je pars prochainement pour l'Italie et que cela peut compromettre la suite de ma carrière. Mais il est hors de question que je renonce au match. En plein désarroi, je lui réponds que je ne lui adresserai plus jamais la parole s'il ne m'autorise pas à jouer. Mon pied est chaud, tout est encore possible.

François prend sa décision en un éclair : « On y va ! »

Je boite au cours des vingt minutes que je passe sur les parquets. Je joue sur une jambe, mais je prête main-forte à mon équipe.

Nous gagnons le titre ! Valenciennes et Bourges, les deux mastodontes, se partageaient le trophée depuis seize ans. Je suis en fin de contrat, je prends la parole pour remercier mes coéquipières pour toutes ces années passées à Tarbes et renouvelle mon affection à François Gomez, ainsi que ma reconnaissance pour tout ce qu'il a fait pour moi. (La première fois que j'ai rencontré François, on s'est disputés. Il me répétait sans cesse « tu dois courir ! » et moi, je ne voulais pas.) Cette victoire est l'une de celles qui a le plus compté à mes yeux. Elle est marquée de mon empreinte.

En guise de célébration, je pars aux urgences sans même avoir le temps de boire une coupe de champagne avec les filles pour savourer notre victoire, obtenue au prix du sacrifice de mon corps ! En battant en deux manches Bourges, la grande favorite du championnat, nous avons réalisé un sublime exploit pour ce club né en 1983. Le fait de l'avoir porté jusqu'à la victoire représente à mes yeux la meilleure manière de clôturer mon parcours dans la cité gasconne où j'ai démarré comme cadette. Nous vivons dans les jours qui suivent un grand moment d'allégresse. Mon surnom de « Baby Shaq » en référence à Shaquille O'Neal, l'immense joueur de basket-ball américain, est né lors de ce match.

Mes pensées se dirigent petit à petit vers Schio, en Italie. Ce club m'intéresse, car il dispute l'EuroLigue, compétition de référence qui réunit les meilleures joueuses du monde. Ayant été sacrée meilleure joueuse de France, j'ai une féroce envie de me frotter au plus haut niveau. Par ailleurs, le club italien est à taille humaine et il affiche de bons résultats. L'ambiance y est réputée familiale et Marcello Cestaro, le président, est connu pour sa générosité et sa bienveillance. C'est le compromis idéal pour moi qui ai envie de coupler bien-être et sport.

Je connais très peu l'Italie. J'y ai disputé quelques matchs, mais n'ai jamais eu le loisir de découvrir le pays de Dante. La transition entre la France et l'Italie ne me fait pas peur et s'effectue tout en douceur. Le décalage sera bien moins abrupt que lorsque j'ai quitté l'Afrique !

J'ai des défis à relever. Je suis animée par un puissant désir de bien faire et j'espère encore progresser en Vénétie.

6

GLOBE-TROTTEUSE, QUEL ENRICHISSEMENT !

J'arrive à Schio, en Italie, au mois d'août 2010, pendant l'intersaison. C'est mon premier contrat étranger. Mon démarrage en terre transalpine est laborieux, car avant même de pouvoir commencer à jouer, je suis blessée au pied. Face à cette nouvelle donne, j'appréhende l'accueil que le club va me réserver. Je crains que les Italiens mettent un terme à mon contrat, en raison de ma blessure. Cerise sur le gâteau, je ne parle pas un mot d'italien. Mes échanges avec le coach se font dans un anglais approximatif, mais nous parvenons à nous transmettre les messages essentiels !

L'équipe me propose rapidement d'effectuer les examens médicaux nécessaires. Le médecin que je rencontre ne s'adresse pas directement à moi, cela m'étonne beaucoup. Je croyais pourtant qu'il allait me présenter mon protocole de soins. Au lieu de me fournir des explications, il se dirige vers Marcello Cestaro, le président du club de Schio, et tous deux se mettent à discuter de mon cas, sans moi ! À l'issue de leur conversation, Marcello m'annonce avec bienveillance qu'il entend prendre soin de moi et qu'il est là pour m'aider. Le médecin lui a par ailleurs indiqué que ma santé générale était bonne. Quel soulagement ! Face à cette bonne nouvelle, mon corps s'apaise, mes épaules et mon cou se détendent, mes mains s'ouvrent.

Le club est très structuré. Pour la première fois de ma carrière, j'ai droit à un préparateur physique et à un kiné à temps plein. Un luxe ! Un médecin passe également me voir tous les jours. En guise de premiers soins, je renoue avec la natation. Jusqu'ici, je ne pratiquais cette discipline que de manière sporadique, au cours de l'été. Je mets ainsi mon temps libre à profit pour apprendre à nager le crawl et remettre mon corps en mouvement. Sous l'eau, je renoue avec le calme et la solitude. Tout s'allège.

Je prends le temps nécessaire pour guérir et commence la saison sereinement. Au sein de l'équipe nationale italienne, il y a des joueuses emblématiques, à l'instar de Laura Macchi et Janel McCarville. Au cours de la saison précédente, le club a perdu contre Taranto qui est le grand adversaire de l'époque. Lors du premier match que je dispute contre Taranto, je découvre avec stupeur qu'Élodie Godin fait partie de l'équipe adverse. Quelques années auparavant, elle jouait en équipe de France avec moi. Elle est dotée d'un excellent niveau. Nous avons toutes deux partagé quelques sélections où nous ne savions pas laquelle de nous serait l'heureuse élue, un facteur qui attise la concurrence. Élodie et moi ne sommes pas les meilleures amies du monde, mais nos relations demeurent courtoises.

J'effectue une bonne saison à Schio et nous nous retrouvons en finale du championnat contre Taranto, notre mouton noir. La ville, située dans la province des Pouilles, dans le sud-est de l'Italie, est vent debout contre notre équipe. Les spectateurs du sud surnommés les « Terroni » sont déchaînés. J'apprends que le terme de « Terroni » est employé originairement par les gens des grandes villes du nord du pays pour désigner de façon méprisante les immigrés du sud. Il a perdu au cours du temps son caractère d'insulte et le stigmate a été retourné en drapeau identitaire. Être qualifié ainsi est devenu un motif d'orgueil plutôt que de honte. Pendant le match, nous recevons une pluie d'insultes : « Vous n'êtes que des putes, rentrez chez vous ! » Janel McCarville, ma coéquipière américaine, s'est rasé le crâne pour y dessiner une étoile, afin d'afficher aux yeux de tous qu'elle est une star, ce qui a le don d'irriter le public.

Divine surprise, nous gagnons ! C'est la seule fois où Élodie perd en Italie. À l'issue du match, les *carabinieri* (les gendarmes italiens) nous gardent dans la salle en attendant que le public s'en aille afin d'éviter tout risque d'incident violent. Je termine la saison en beauté.

Bonjour, Valence !

Dans la foulée de cette victoire, mon agent m'appelle pour m'annoncer que mon profil intéresse le club de Ros Casares, à Valence, et que la coach d'origine slovaque, Natália Hejková, me souhaite parmi les siennes, pour disputer l'EuroLigue. Le club espagnol compte parmi ses basketteuses les grandes joueuses Lauren Jackson et Maya Moore. Je n'en reviens pas!

Valence présente également l'atout indéniable de se trouver en bord de mer, sur la côte méditerranéenne. L'idée de m'installer dans cette ville me plaît beaucoup. Je ne peux refuser une telle opportunité. Ni une ni deux, je fais mes valises et quitte Schio, en août, après une jolie année italienne.

À Valence, je réalise une saison 2011-2012 excellente. Je remporte tous les matchs et notamment le championnat espagnol, ainsi que l'EuroLigue. À cette période, il m'arrive une chose étrange: je perds dix kilos en dix jours. En premier lieu, je suis ravie de cet exploit, moi qui rêve depuis toujours d'afficher un corps svelte! Mais ma joie est de courte durée. Après quelques examens, je découvre rapidement que je souffre d'une hyperthyroïdie. Je présente tous les symptômes de cette affection. Les mêmes qui avaient mis à terre ma mère, quelques années auparavant. Je suis tellement essoufflée que je ne peux plus grimper les marches de mon loft pour rejoindre mon lit, à l'étage. Je dors désormais sur le canapé du salon. Je souffre également d'insomnies et de tachycardie. Face à la fulgurance de la maladie, le médecin m'arrête pendant deux semaines. La prise de sang que je réalise révèle des taux explosifs de thyréostimuline (TSH), liés au fonctionnement hyperactif de ma thyroïde. Pour contrer ce dysfonctionnement, l'endocrinologue me pique tous les trois jours afin de mesurer mes taux de TSH et d'ajuster les doses de médicaments qu'il m'administre en urgence et à des doses de cheval.

Grâce au suivi médical dont je bénéficie, je suis remise sur pied en l'espace de trois semaines. Pendant ce laps de temps, je loupe la Coupe d'Espagne et mon équipe perd contre Salamanque.

À la fin de la saison, nous gagnons toutefois à Istanbul, contre Ekaterinbourg, le titre de l'EuroLigue et gravissons également la première marche du championnat, sans trop de difficulté. Au moment où la saison s'achève, je n'ai aucune envie de quitter Valence où je m'épanouis. La situation géographique sied parfaitement à mon mode de vie. Mon agent négocie alors une prolongation de mon contrat, à un tarif relativement bas comparativement au prix du marché. C'est à cette période que je croise par hasard l'agent sportif Jérémy Medjana qui s'occupe notamment des plus grands basketteurs de la NBA. Lorsque je lui fais part du montant du contrat que j'ai signé, il est stupéfait ! Il m'annonce alors : « Tu vaux beaucoup plus que ce prix ! Cela fait des années que je te dis de rejoindre mon *roster*. Je saurai négocier le contrat que tu mérites. » Je lui rétorque que s'il me trouve un contrat avec le prix qu'il m'indique, je signerai avec lui. Jusqu'alors, je ne songeais pas aux questions d'argent, le basket est en premier lieu une passion. C'est seulement à cet instant-là que je prends conscience des sommes qui sont en jeu.

Sur le plan culturel, je découvre, au cours de ces deux années, l'Italie et l'Espagne avec grand appétit. J'apprécie d'évoluer dans un environnement qui n'est pas le mien, jouer au caméléon et devoir m'adapter très vite. Je pense que cette envie de tout remettre en jeu dans la vie de tous les jours, au sein d'un pays que je ne connais pas, fait partie de mon caractère.

À Schio, j'intègre une équipe de filles extraordinaires qui s'accordent du temps pour vivre, chose que je ne m'autorisais guère auparavant. C'est une bénédiction ! Mes camarades me font découvrir la gastronomie italienne qui me fait rêver depuis longtemps. Dès qu'une sortie est programmée, je me rallie au projet. J'ai faim d'apprendre. Nous allons notamment visiter le Ponte di Bassano, l'un des plus caractéristiques d'Italie. Il est entièrement construit en bois et un chant populaire lui est dédié.

Par ailleurs, avec mes facilités pour l'apprentissage des langues, je suis vite à l'aise avec l'italien, la langue de l'amour ! En l'espace de quelques mois, je la maîtrise aussi bien que le français, l'accent en sus. Je tombe sous le charme de Vérone, ville magique à mes yeux qui se trouve à une heure de Schio. C'est dans cette ville que je découvre aussi la boutique Louis Vuitton. Pour Noël, le président du club italien a offert à toutes les joueuses un portefeuille estampillé Vuitton. Cela me touche beaucoup. C'est là que je commence ma collection de sacs. C'est mon vice, je l'avoue ! Je suis fan des cabas Louis Vuitton et rien ne me fait plus plaisir, dès que ma situation me le permet. Lorsque nous allons voir Venise, je ne trouve aucun romantisme à la cité des Doges : comment des couples amoureux peuvent-ils s'aimer dans une ville qui sent aussi mauvais ?

À Valence, je vis une expérience complètement différente de celle que j'ai menée en Italie. L'Espagne me ramène en Afrique. Les horaires, le mode de vie et les rythmes y sont similaires. Nous dînons tard et faisons la sieste. Cela me convient à merveille. J'ai par ailleurs un coup de cœur pour la paella que l'on concocte à Valence et qui se décline à toutes les sauces. Ma préférée est celle préparée à l'encre de seiche, dont les effluves me font voyager. Laia Palau est la capitaine de mon équipe. Elle est espagnole, et avec les filles, nous la surnommons « La gitane ». Laia vit en harmonie avec la nature. Elle m'emmène découvrir l'Espagne à bord de son van. Nous nous arrêtons au gré de nos envies. Je savoure cette liberté et trouve dans la contemplation de l'océan la sérénité que je recherche. Esprit libre, mon amie espagnole m'emmène sur une plage nudiste ! C'est une première pour moi, mais je ne suis aucunement choquée. Avec les filles, nous nous baignons sur cette plage en tenue d'Ève. Cela n'est pas une expérience choc, puisque nous nous voyons à poil dans les vestiaires et sous la douche tous les jours ! La plage est déserte, l'expérience ne me déplaît pas, même si je ne l'ai jamais renouvelée. Une équipe soudée, c'est aussi cela.

Douceur de vivre

Du haut de mes vingt-trois ans, j'ai soif de nouvelles expériences et le désir d'affiner mon caractère. À Valence, nos entraînements ont lieu de 12 à 14 heures et de 20 à 22 heures. En France, de tels horaires seraient jugés tardifs, mais ils sont parfaits pour mon rythme. À 14 heures, nous allons déjeuner au bord de la plage. Même les hivers sont très doux: la température descend rarement en dessous de 9 degrés, ce qui constitue un cadre et des conditions de vie enchanteurs.

À l'issue de ma première année espagnole, pendant laquelle nous avons remporté l'ensemble de nos matchs, Jérémy parvient à doubler le montant de mon contrat. Il m'explique par ailleurs que je peux partir où j'ai envie, et notamment à Moscou ou à Istanbul. Le Spartak de Moscou m'offre notamment un super contrat, l'un des plus beaux de ma carrière et je rêve de travailler avec Pokey Chatman, la coach américaine. Son personnage m'interpelle. Elle danse sur les bords du terrain et vit intensément le basket avec ses joueuses. Jouer sous ses ordres serait un accomplissement pour moi. J'accepte leur offre et comme je le lui avais promis, je rejoins Jérémy.

La Russie constitue un choc. Lorsque je pose mes valises à Moscou, au mois d'août 2012, l'air est encore doux, je suis en débardeur.

Mon lieu de vie se trouve à Vidnoye, une cité-dortoir située à une vingtaine de kilomètres au sud-est de Moscou. Shabtai Kalmanovich, le président sortant du club moscovite, a été abattu en pleine rue à Moscou, en novembre 2009, soit quelques années avant que je démarre au Spartak. C'était un personnage au passé mouvementé, qui traînait une réputation sulfureuse. Son statut d'espion du KGB était un secret de polichinelle. Tout le monde était au courant de ses activités parallèles. Lors de la présentation des équipes en début de match, il embrassait les filles de son club sur la bouche, selon une coutume russe qui m'a toujours fait sourire. Il s'agit d'un baiser cordial, symbole de paix. Au moment où je commence à y jouer, c'est la veuve de Shabtai, une ancienne basketteuse, qui a repris le flambeau du Spartak.

J'habite un loft confortable avec trois chambres. J'ai même un chauffeur personnel à ma disposition, qui fait également office de garde du corps, vingt-quatre heures sur vingt-quatre. Il m'accompagne pour faire mes courses ou me rendre à l'entraînement. Je bénéficie aussi des services d'un traducteur. Le must ! Je me sens honorée. Un après-midi, je découvre que mon chauffeur possède une arme. Je suis stupéfaite. Pour me rassurer, il propose de m'apprendre à tirer dans un bois ! Je refuse tant les risques sont grands de blesser quelqu'un au passage.

Au Spartak, tout est fait pour que je me sente à l'aise et que je puisse performer. J'ai également droit à des soins prodigués par deux kinés. Ma première séance de massage est ubuesque. Je suis en maillot de bain, dans un sauna, et le kiné a préparé un seau d'eau froide à l'intérieur duquel il a glissé des plantes, notamment de l'eucalyptus. Il se sert des plantes comme d'un balai avec lequel il me frotte vigoureusement le corps. J'ai l'impression d'être en Afrique ! Une fois mon corps bien réchauffé, le kiné m'asperge d'un jet d'eau froide. Le sauna russe, c'est incroyable et l'alternance chaud-froid est excellente pour la circulation sanguine.

Cela me procure un bien fou au moral. J'essaie de plaisanter et lui demande s'il a déjà vu une Noire en petite tenue. Mais il parle mal l'anglais et a dû mal à saisir ma blague.

La Russie est pleine de paradoxes. Les autochtones parlent rarement l'anglais, de fait, la communication s'en trouve limitée. Pour ma part, je ne retiens que quelques notions de vocabulaire russe qui tournent essentiellement autour de la nourriture.

Le club fait preuve d'une grande générosité et est très cosmopolite. La coach est américaine, le préparateur physique serbe, les kinés sont respectivement russe et américain, le directeur sportif est grec… À l'inverse, ma vie quotidienne se heurte au côté taciturne, voire complètement fermé, des gens que je croise. Même mon concierge ne me répond jamais lorsque je lui dis bonjour. Je fais pourtant l'effort de le saluer dans sa langue. Chaque jour, je croise des regards éteints, sans expression. Le moins que l'on puisse dire, c'est que les Russes ne sont pas expansifs.

Je fais donc face à un monde double, schizophrénique. Nous vivons entre étrangers au Spartak, les joueuses russes partageant rarement des moments avec moi.

Un froid polaire

Pour lutter contre cette atmosphère maussade, nous nous réunissons souvent chez moi avec mes autres camarades. J'aime toujours cuisiner et préparer des repas conviviaux. J'ai signé pour deux ans, mais à Noël, j'appelle mon agent pour lui dire que je ne parviendrai pas à tenir toute la durée du contrat. En outre, le passage à l'hiver s'est fait brutalement : à 16 heures, je porte des claquettes aux pieds et un débardeur parce qu'il fait encore bon, mais à 20 heures, lorsque je sors de l'entraînement, il neige ! L'hiver est arrivé en un clignement de paupières. Nous passons de 28 degrés à moins 3 et ça dure pendant quinze semaines ! La neige ne quitte pas Moscou. C'est assez violent de traverser ainsi le froid, de ne pas apercevoir la couleur du soleil et surtout, de croiser des visages aussi fermés, comme si la vie les avait quittés. Dès l'aube, certains consomment déjà leur bouteille de vodka. Je trouve cela à la fois cocasse et terrifiant.

Il me faut souvent accomplir trois heures de route pour rejoindre mon lieu de vie. Face à la saturation du trafic, je finis par ne plus sortir du tout. Je m'enferme dans ma routine. De guerre lasse, je prends rendez-vous avec la présidente du club à la fin de l'année pour lui confier mes états d'âme. Elle me reçoit avec bienveillance et me demande comment faire pour améliorer mon confort. Or, je bénéficie déjà d'un cadre de vie optimal. Je gagne très bien ma vie, mais je ne suis pas heureuse. Le Spartak promet de m'accompagner jusqu'au bout et me dit : « Ici, tu seras toujours chez toi. » Je suis touchée par tant de sollicitude et les remercie pour leur humanité, mais je mets fin à mon contrat au terme de la première année.

Je demeure bien évidemment professionnelle jusqu'au bout, mais cette année-là, même si nous terminons en finale, les matchs se soldent tous par des défaites, ce qui n'améliore pas mon moral. À l'inverse, l'année précédente, j'avais remporté l'EuroLigue.

À Moscou, les compagnons des basketteuses sont autorisés à voyager avec l'équipe. C'est ainsi qu'Andrea m'accompagne. Nous nous sommes rencontrés en Italie, en 2011. Andrea fait des allers-retours fréquents entre la Russie et l'Italie. Nous nous voyons le week-end. Lorsque son emploi du temps le permet, il reste auprès de moi durant un mois, puis repart. Il est comédien et fan de basket. J'ai reçu un jour une lettre de sa main. C'est ainsi que nous avons noué une amitié. Notre rencontre n'est pas le fruit d'un coup de foudre, mais j'accorde de l'importance à cette relation, notamment parce que je n'ai pas beaucoup d'amis en Italie. Je me sens seule. Nous parlons basket pendant des heures, mais j'envisage a priori Andrea comme un ami. À la suite de nos échanges, il vient me voir jouer à Schio, deux mois avant la fin de ma saison en Italie. Grâce à la richesse de nos discussions, nous nous découvrons des points communs. Un petit grain de folie qui sommeille en moi, ce qui me fait apprécier son côté artiste et décalé. Notre attirance se forge sur plusieurs semaines.

J'aspire à la découverte d'un univers différent du mien. Son regard d'artiste fait écho en moi qui aime me démarquer avec des couleurs vives dans ma chevelure. Je m'attache ainsi peu à peu à lui, mais nous connaissons des débuts claudicants. Je ne spécule pas sur notre avenir. La fin décevante que j'ai connue avec Loïc m'incite à prendre du recul. Le fait qu'Andrea soit beaucoup plus âgé que moi constitue également un frein : quinze années nous séparent.

Il est originaire de Toscane. Je prends plaisir à découvrir les lieux « secrets » d'Italie où il m'emmène. Pendant mes jours de repos, nous partons à bord de sa voiture visiter Marostica, une ville sublime située au pied d'une colline, à trente kilomètres au nord de Vicence, en Vénétie. Au cœur de sa place principale est dessiné un damier géant. C'est sur la place du château (piazza Castello) que se déroule, tous les deux ans, une partie d'échecs avec des personnages vivants, en costume du XVe siècle.

Je m'intéresse désormais à l'histoire de l'Europe que je ne connaissais pas, ce qui me permet d'étoffer ma culture générale !

Je ne parviens pas à me souvenir de notre premier baiser. Le moment ne devait pas être inoubliable, de ceux qu'on raconte encore des années après ! À ma décharge, je me trouve à cette époque en pleine procédure tumultueuse de divorce avec Loïc. Je l'aimais encore lorsque je l'ai quitté. Mais mes amis m'encouragent à tourner la page et à me reconstruire. Malgré cela, je suis réticente à poursuivre le chemin que nous foulons tous deux avec Andrea. Je ne suis pas sûre que nous soyons faits l'un pour l'autre. J'informe Andrea de mes doutes, mais il insiste et me propose d'approfondir notre relation et de le suivre en Toscane pendant l'été. Je finis par accepter son invitation.

La dolce vita

Contrairement à mon ressenti initial, notre premier été est fécond, inspirant et placé sous le signe de la simplicité. Il se passe quelque chose de très fort pendant ce séjour et je ne parviens pas à m'expliquer ce retournement de situation. Nous traversons l'Italie en scooter et profitons des délices de la dolce vita. Tout est simple, il se noue une intimité évidente et je ne me pose plus aucune question. Je m'attache à Andrea. Je crois que c'est cela l'amour, ce sentiment qui aide à comprendre pourquoi l'on se sent vivant, même si je ne ressens pas la même intensité d'émotion qu'avec Loïc pour lequel des papillons voletaient dans mon ventre, même au bout de dix années !

Au cours de ce même été, je règle les derniers détails de mon divorce. Andrea me soutient dans cette épreuve. Le combat a été âpre pour passer cet écueil, mais j'y suis parvenue.

Je laisse place au renouveau et renoue enfin avec les jours heureux, les rires et la fluidité. On ne refait pas sa vie, on la continue. Les ambitions que je nourris et les rêves après lesquels je cours me portent. Andrea me fait oublier Loïc pendant l'été délicieux que nous passons ensemble. Nous nous arrêtons au bord de la route quand bon nous semble, pour avaler des sandwichs frais confectionnés avec des produits locaux. Ce sont, en somme, les choses simples qui font la beauté de l'existence. Je me fonds dans cette manière d'aborder la vie. Je n'ai pas besoin de prononcer de longs discours. Avec sa finesse psychologique, mon amoureux anticipe mes désirs, mes envies. Il apaise mes inquiétudes avant même que je ne les formule. Notre histoire peut continuer sur des bases saines et solides.

À la fin de l'été, je retourne à Valence et Andrea me rejoint le week-end. Le cours de notre vie s'enchaîne naturellement.

Avec le recul, je comprends que le fait d'être orpheline de père a joué un rôle important dans notre relation. Avant lui, je ne vivais que pour le basket.

Souffrant d'une carence affective, je prends ses manifestations d'amour comme un cadeau. Je m'en nourris. Notre histoire atteint son paroxysme le jour où Andrea déploie une banderole, en plein match, lors des quarts de finale des JO de Londres 2012, où est écrit : « Isa Yacoubou, veux-tu m'épouser ? » Au début, je crois qu'il s'agit d'une plaisanterie et je suis tellement déstabilisée que nous risquons de perdre le match ! Je relève la tête et aperçois Andrea en larmes. C'est à cet instant que je comprends que sa demande est sérieuse. Cela exerce une sorte de pression sur moi, étant donné que tout le monde a découvert sa demande en même temps que moi. Andrea me parlait depuis longtemps de sa volonté de m'épouser, mais je lui ai toujours exprimé ma frilosité face à cette perspective.

Après le match, nous débriefons tous les deux. S'il est vrai que tout se passe bien entre nous, je lui explique que j'entends son souhait, mais que j'ai besoin de temps. Je suis déjà passée par la case mariage et n'ai aucune envie de re-signer pour le moment.

L'été qui suit sa demande, nous louons un chalet en montagne, à Fiumalbo, en Émilie-Romagne. Les parents d'Andrea nous rejoignent pendant une semaine. Ils m'adoptent dès le premier jour de notre rencontre, comme leur propre enfant. Pendant trois semaines, nous pratiquons la marche nordique. Tous les matins, nous crapahutons pendant trois heures pour nous oxygéner. Je suis réticente au début : cela ne me branche pas vraiment, puisque je n'aime ni courir ni marcher beaucoup ! Mais j'y prends goût et rapidement j'ai hâte de me mettre en route à l'aube. Nous déjeunons sur les cimes, dans un restaurant d'altitude, ou nous pique-niquons en pleine nature. L'après-midi, je m'adonne à l'une de mes activités préférées : la sieste ! J'ai un grand besoin de dormir, comme un nourrisson. Je me repose au moins deux heures chaque jour. Cela me ressource et constitue une parenthèse enchantée où je débranche tout, pour mieux me reconnecter ensuite.

Une seule question m'interpelle au sujet d'Andrea : je me demande pourquoi il n'a pas d'amis, en dehors d'un couple de réalisateurs qu'il voit de manière sporadique. Lorsque je l'interroge à ce sujet, il me répond de façon évasive et justifie sa solitude par ses multiples tournages qui lui font mener une vie de saltimbanque. J'ai de la compassion pour lui et le comprends aisément. Moi aussi, je peux compter mes vrais amis sur les doigts d'une main.

J'épouse Andrea en juin 2014, soit deux années après le déploiement en grande pompe de sa banderole. Au cours des préparatifs, j'ai une idée très précise de la robe que je souhaite porter. Cela tombe à merveille, durant la Fashion Week à Milan, je rencontre un couturier avec lequel je sympathise. Il conçoit la robe de mes rêves sur mesure. Elle est simple, sans frou-frou. Je finis même par enlever la traîne que je trouve superflue. En moins de trois semaines, elle est prête.

Nous organisons un mariage intimiste et trions nos invités sur le volet. Nous misons sur la qualité plutôt que la quantité. J'invite notamment Jean-Pierre Siutat, le président de la Fédération française de basket-ball, mon « papa », Jérémy, mon agent, et des coéquipières qui me sont proches, comme Valériane Ayayi-Vukosavljević, Géraldine Robert et Jennifer Digbeu.

Ce sont les filles avec lesquelles j'ai grandi. Maman n'a pas pu faire le déplacement car elle n'a pas obtenu son visa à temps. De fait, ma sœur est le seul membre de ma famille présent à mon mariage. Andrea convie quant à lui quelques réalisateurs et acteurs italiens et sa famille proche. La cérémonie religieuse est orchestrée à l'église par un prêtre qui œuvre dans l'humanitaire, notamment au Burkina Faso et au Niger.

Au cours des premiers mois, je connais un bonheur qui me décontenance. Bien évidemment, je préfère la ferveur des commencements à la petitesse des fins.

7

MON QUOTIDIEN TOUT EN HAUTEUR... ET SON CORTÈGE DE MAUX

Même si j'ai toujours été plus grande que mes camarades, je n'ai pas eu une conscience aiguë de ma grande taille avant d'entrer au collège. Je commence mes activités sportives à l'âge de dix ans et je mesure déjà un mètre quatre-vingts.

Nos réunions familiales sont des rendez-vous de « grands ». Nous nous transmettons ce trait physique, de génération en génération.

Le monde change en sixième, où j'essuie quelques moqueries. La question lancinante que l'on me pose, comme une craie qui crisse au bas d'un tableau, est la suivante : « Il fait beau là-haut ? » Face à ces quolibets, je me cabre et me sens blessée. Je suis une adolescente en pleine construction. Cette période est douloureuse et j'ai conscience de ne pas entrer dans les critères de beauté communément admis. Je me demande si je serai jugée, tout au long de ma vie, en fonction de mon apparence.

Je l'ai dit précédemment, maman s'inquiète pour mon avenir car les stéréotypes ont la vie dure. Quel regard portera la société si je choisis un mari plus petit que moi? Quel regard portera-t-on sur ma personne si je choisis un mari plus petit que moi. La société dans laquelle j'ai grandi est encore très patriarcale. L'égalité dans le couple n'est pas le lot quotidien de la plupart des femmes que je côtoie. La nuit, il m'arrive même de me demander si ma vie ne sera pas un long chemin de croix pavé d'humiliations.

Heureusement, je sens rapidement le vent tourner en ma faveur dès que j'intègre le milieu sportif où ma taille devient un atout. Du jour au lendemain, je ne subis plus aucune moquerie car je deviens performante et suis citée en référence. Mon stress s'atténue, même si j'ai conscience que les dégâts auraient pu être considérables sur mon psychisme si je n'avais pas pratiqué de sport. Malgré cette assurance, je n'ai aucunement confiance en moi tout au long de mon adolescence. J'aime mon visage, mais mon corps m'encombre. Je le trouve trop gros. Pourtant, en Afrique de l'Ouest, les canons de beauté ne sont pas les mêmes qu'en Europe. Le fait d'avoir des formes est valorisé et les hommes aiment les femmes rondes plutôt que les corps sveltes.

La question de la séduction n'est toutefois pas un enjeu de longue durée pour moi puisque je rencontre Loïc à l'âge de quatorze ans!

Étant d'une stature imposante, les personnes que je côtoie supposent que je suis dotée d'un caractère fort. Certaines railleries qui circulent m'écorchent, telles que: « N'énerve pas Isabelle, sinon elle va te coller une tarte, dont tu ne te remettras pas! » Or, je ne suis pas une sauvage, même si je viens d'Afrique! (L'humour me sauve souvent.)

Je n'ai jamais aimé les bagarres ni les conflits. À l'inverse, j'ai rencontré beaucoup de « petites teigneuses », bien plus que de « grandes méchantes ». Mais les préjugés ont la vie dure. Face à ces « vacheries », j'essaie de conserver une apparence de détachement. Ceux qui me connaissent savent que ma personnalité est déconnectée de mon physique. Mes coachs et mes amis me définissent comme une personne solaire, enjouée et ouverte.

J'ai toutefois bien conscience de posséder un caractère affirmé. Il est indispensable, dans mon métier, de cultiver une personnalité solide pour survivre. Depuis que je pratique l'athlétisme à haut niveau, je déploie toute mon énergie pour que personne ne me marche sur les pieds. Il est important de savoir dire non. À ce propos, je me souviens d'une dispute majeure qui a éclaté en 2008. Je joue en équipe de France et le coach a décidé de rappeler sur les parquets Cathy Melain, une grande basketteuse. Elle est notamment sacrée double championne d'Europe avec l'équipe de France, en 2001 et 2009. Nous sommes une équipe de jeunes et l'entraîneur souhaite que Cathy nous apporte son expertise et ses conseils avisés pour que l'on grandisse.

Au cours d'un match, le ton monte très vite entre Cathy et moi. J'ai commis l'erreur, pendant une rencontre, de ne pas respecter une consigne. Furieuse, elle m'accoste et me houspille à la mi-temps devant tout le monde. Mais je poursuis mon chemin et la laisse en plan, en me contentant de lui dire que si elle a une remarque à formuler, nous pouvons nous réunir au vestiaire. Lorsque nous sommes seules, je lui explique que je ne suis pas sa gamine et qu'elle n'a pas à m'agonir d'injures en public: tout ce qui se passe aux vestiaires reste aux vestiaires. J'exige un minimum de respect.

Mes coéquipières qui se prétendaient mes amies me reprochent d'avoir osé tenir tête à Cathy. Ma déception est grande, mais je préfère affirmer ce que je suis profondément. Je n'ai pas ma langue dans ma poche, surtout quand je suis confrontée à l'injustice.

Au fil du temps, les tensions finissent par s'apaiser et j'accomplis des efforts pour discipliner ma fébrilité et dompter mon impulsivité.

Posséder un physique hors norme implique également des souffrances dans les trajets en avion où je suis contrainte de m'asseoir de profil! Parfois, certains voyageurs compatissants ont la gentillesse de me céder leur place, à côté des issues de secours, où je peux détendre mes jambes. Si ce n'est pas le cas, je voyage debout. Le vol qui relie Cotonou à Paris dure huit heures. C'est infernal.

Shopping sur mesure

Je dois par ailleurs faire preuve d'ingéniosité pour pouvoir m'habiller correctement. Lorsque je vis au Bénin, les choses sont relativement simples, puisque l'on trouve des couturiers à tous les coins de rue. J'arrive avec le tissu bigarré de mon choix, le wax, et le tailleur confectionne mes vêtements sur mesure. Cette pratique est très répandue chez moi.

Les choses se corsent en revanche lorsque j'arrive à Tarbes. Je ne trouve ma taille nulle part. J'opte ainsi pour un plan B. La maman de Pauline, l'une de mes amies basketteuses, qui mesure un mètre quatre-vingt-trois, propose gentiment de me prêter les tenues de sa fille en cousant du tissu au niveau des bras et des pieds, afin de rallonger les vêtements. Je chausse par ailleurs du 44. Trouver une paire de chaussures à ma taille relève également du parcours du combattant. Je conserve depuis de nombreuses années les somptueuses ballerines que m'a rapportées mon oncle des États-Unis dans les années 1990. Il travaillait au Programme des Nations unies pour le développement (PNUD) et avait souvent l'occasion de voyager et de dénicher des produits « rares ».

J'affectionne particulièrement les talons et les tenues féminines. Cela me permet de briser la frontière qui sépare l'univers du parquet de ma vie quotidienne. J'ai toujours fait la distinction entre la joueuse et la femme et j'aime l'idée d'être sportive, tout en étant séduisante. Mais dans les boutiques, cela taille toujours trop court pour moi ! Cela fait des années que je ne suis pas allée faire du shopping.

Il faut toutefois reconnaître qu'en l'espace de quinze ans, les choses ont beaucoup évolué. Je m'habille exclusivement via des sites spécialisés en grande taille. Pour les jeans, par exemple, c'est du sur-mesure. Ma sœur a créé une ligne de vêtements de grande taille, cela me dépanne aussi. J'ai par ailleurs déniché une boutique excentrique à Paris qui s'appelle Sacapuce. Elle propose des chaussures à talon destinées aux drag-queens que je détourne de leur usage initial, car certains modèles me plaisent beaucoup ! J'aime également porter des robes moulantes. Dès que la météo est clémente, je laisse mes joggings aux vestiaires au profit de tenues plus sexy.

Je ne suis pas fan de maquillage, mais je suis très portée sur la lingerie ! C'est mon péché mignon ! C'est aussi ma manière d'être féminine.

Outre la difficulté pour m'habiller, les douleurs constituent le fil rouge de ma vie. Mon corps me fait souffrir dès ma première année passée en France. Au Bénin, il n'y a pas de parquet, je jouais sur du béton, ce qui n'a pas facilité les choses, notamment lorsque je tombais à terre.

Quand j'arrive à Tarbes, le rythme des entraînements s'accélère et les petits bobos commencent à poindre. Ce sont mes genoux qui me font souffrir au début. Le saut en longueur que j'ai pratiqué plusieurs années auparavant a beaucoup sollicité l'articulation de mes genoux.

Au début, Pascal Pisan, mon coach professionnel, ne prend pas mes plaintes au sérieux. Il me dit, sur le ton de l'humour, que je suis une feignasse et que je ne m'entraîne pas assez ! Il pense que je veux gratter des jours de repos !

Mais au cours de la deuxième saison, le médecin de l'équipe de France des jeunes qui me suit écoute attentivement mes doléances et me fait passer des examens. Le diagnostic tombe : je souffre d'une arthrose très évoluée, à seulement dix-neuf ans ! Mes deux genoux sont impactés, même si l'atteinte est plus prononcée sur mon genou droit. J'ai trouvé la cause de mes douleurs violentes. Rendez-vous est pris avec le chirurgien et je suis opérée pour la première fois en 2008. L'objectif du médecin est de parvenir à faire saigner le cartilage pour qu'il puisse repousser.

Je me sens soulagée au cours des semaines qui suivent mon opération, mais l'embellie est de courte durée, car mes os sont déjà bien formés. Mes douleurs s'intensifient. Patrick Djian, mon chirurgien, me reçoit dans son cabinet. Il m'annonce, un brin gêné : « Isabelle, j'ai fait ce que j'ai pu, mais tu ne pourras pas mener une carrière de haut niveau. Quand j'ai ouvert tes genoux, j'ai découvert l'articulation d'une mamie de quatre-vingts ans. Essaie de te préparer mentalement à cette nouvelle donne et de te faire une raison. »

Je sors dépitée du cabinet.

Têtue, j'effectue seule des recherches pour tenter de soulager mes algies. Je me concocte quelques préparations à base de plantes, sans grand succès. Plus tard, lorsque je joue en Italie, mon préparateur physique m'explique que la musculation pourrait me sauver. Même si je ne possède plus de cartilage, je peux continuer à jouer en renforçant mes muscles. Ce protocole fonctionne bien pendant deux années.

Puis, en Russie, je dois à nouveau changer mon fusil d'épaule et lubrifier mes articulations, via des injections d'acide hyaluronique. Grâce à ces soins, je passe quelques semaines bénies, sans aucune douleur !

Je rencontre une équipe médicale à la pointe de la recherche au Fenerbahçe, en Turquie. Le médecin qui prend soin de moi a soigné auparavant Kobe Bryant, la star de la NBA, (disparu tragiquement dans un accident d'hélicoptère en janvier 2020) qui souffrait de la même affection. Le soignant a mis sur pied un sérum qu'il fabrique en prélevant le sang du malade pour développer des cellules à même de lutter contre les douleurs. La piqûre, qui se nomme Orthokine ou Kobe shot, coûte 4 000 euros. J'en reçois deux par jour pendant plusieurs semaines, ce qui me permet de vivre toute une année sans douleur, même si je dois, en parallèle, placer des glaçons sur mes genoux après chaque match et ingurgiter des anti-inflammatoires.

Baisser les bras ?

En 2014, j'en ai assez de devoir affronter tant de maux et j'ai envie de jeter l'éponge. Je suis tellement épuisée que je ne participe pas aux championnats du monde. J'annonce à mon agent que c'est ma dernière année en tant que basketteuse professionnelle. L'histoire montrera que je continuerai pourtant à jouer de nombreuses années. Mais ma douleur est telle que je ne ressens plus de plaisir à jouer.

Chaque été, je joue en équipe de France, je n'ai aucun instant pour souffler et mon corps est épuisé. C'est pourtant mon outil de travail. Je décide ainsi d'en prendre soin. Une fois par mois, je m'accorde un massage pour me détendre, un gommage, ou encore des soins énergétiques. Il est temps de me bichonner. Je découvrirai également les bienfaits de l'acupuncture en Chine qui recentre mes énergies et me permet de cesser les piqûres, mais aussi de ne plus avoir recours aux glaçons après chaque match.

Il me faut par ailleurs renforcer ma confiance physique et mentale. J'ai très tôt porté des masques pour ne pas révéler la fragilité qui sommeille en moi, mais aussi pour me protéger dans le milieu du sport qui n'épargne personne.

Chaque événement m'atteint, même si je m'efforce de ne rien laisser paraître en public. Je ne souhaite pas montrer mes failles.

Malgré les césures, les fractures et les soubresauts, je tente de traverser les épreuves que le Ciel m'envoie avec ténacité. Je suis de ces femmes qui tiennent le choc à l'instant précis où les pires tragédies leur sont annoncées. Qui ne s'écroulent pas. De celles qui sauvent les apparences. Pas pour autrui, mais pour elles-mêmes. En ne pliant pas, en ne courbant pas le dos, on surmonte les épreuves. Je crois dur comme fer que le fait de ne pas s'effondrer physiquement est une victoire mentale. Il ne s'agit pas de nier la douleur, mais de tenter de la rendre lointaine, inconsistante. Mais il m'arrive d'être submergée par mes émotions, à force de les taire. Je suis émotive et pleure souvent. Les larmes sont le trait d'union qui fait le lien entre les générations depuis des siècles. C'est une histoire vieille comme l'humanité.

Malgré tout, je m'efforce chaque jour de relativiser mes épreuves car je m'estime heureuse. J'aime le sport dans tous ses états. Même si j'ai beaucoup travaillé, je suis foncièrement une chanceuse. Je dis souvent à ma mère que je suis ici-bas pour apporter du bonheur aux gens.

Je me demande parfois ce que je serais devenue si je n'avais pas été basketteuse professionnelle. Je me vois difficilement épanouie dans un autre domaine, même si je rêvais de devenir cardiologue et d'opérer des cœurs, lorsque j'étais petite. Je ne sais pas pourquoi. Peut-être pour réparer le mien ?

8

LE LONG PARCOURS DE L'ADOPTION

Je suis née pour être maman. Dans ma culture, la famille occupe une place de choix. La parentalité me fascine et je n'ai jamais pu concevoir mon existence sans enfants. La présence des tout-petits à mes côtés me procure un bien-être sans égal et l'aspect éducatif est un moteur pour moi. L'idée de contribuer à faire d'un petit d'homme un citoyen de demain est essentielle à mes yeux. Cela vient probablement du fait que je suis fille d'enseignante !

Lorsque j'ai rencontré Andrea, je lui ai fait part de mon souhait d'adopter, pour donner la chance à un enfant d'avoir une vie meilleure. Ma famille a joué un rôle de poids dans ce désir. Je n'ai en effet jamais grandi seule. Maman gardait constamment des neveux et des nièces à la maison. Cela a conditionné mon envie d'adopter. Mais avant cela, je veux faire un bébé avec mon propre corps !

Nous sommes en 2014 et mon envie de porter la vie se fait de plus en plus puissante. Mais j'ai conscience qu'arrêter ma carrière à ce moment-là est compliqué parce que c'est la période durant laquelle je reçois les plus belles propositions. Il m'est difficile d'y renoncer.

En mars 2014, le Fenerbahçe me demande de rempiler pour une deuxième année, avec un contrat exceptionnel : un demi-million d'euros pour la saison. J'accepte le deal. C'est ainsi que mes projets de maternité s'envolent. Andrea me fait alors remarquer : « Tu as toujours voulu adopter. Pourquoi ne commences-tu pas par cette étape ? » L'idée me convainc. Je commence à parler autour de moi de ce projet et me rapproche du consulat de France en Turquie. La personne en charge du dossier des adoptions m'apprend qu'il me faut impérativement obtenir un agrément. Mais en l'espace d'une saison, je n'aurai pas le temps de l'obtenir et lorsque je pourrai enfin décrocher ce précieux sésame, j'aurai probablement quitté la Turquie.

De manière générale, l'obtention de l'agrément est compliquée par l'expatriation et le fait que je change de pays tous les huit mois.

Initialement, je rêvais d'adopter un bébé aux traits asiatiques, je les trouve magnifiques. Je m'imagine recueillir un nourrisson provenant du Laos ou de Chine, mais je découvre que les procédures sont longues.

Le Bénin m'est proposé comme une alternative par l'ambassadrice de France au Bénin, car j'ai la double nationalité. Elle m'explique que ce sera beaucoup plus simple pour moi. Dans l'adoption, on comprend que c'est le pays qui nous choisit et pas nous qui choisissons le pays.

Mon choix se fonde sur sa faisabilité. En tant que Béninoise, il m'est ainsi possible d'adopter un enfant placé, ou un orphelin, si les parents renoncent à leur autorité parentale au profit de ceux qui adoptent. Il faut par ailleurs être marié et avoir moins de vingt-cinq ans. Il existe de nombreuses structures dans le pays qui recueillent les enfants abandonnés. J'échange avec maman au sujet d'une adoption au Bénin et elle me promet de se renseigner. Elle fait dès lors le tour des pouponnières qui se trouvent dans sa ville.

Quelques jours plus tard, maman m'annonce qu'un jeune enfant a été placé dans un orphelinat, à Dassa, à la suite du décès brutal (et inexpliqué) de sa maman, qui n'est autre que la femme du petit frère de ma mère. La jeune femme laisse un petit garçon de dix-huit mois qu'elle allaitait encore. Le papa du bébé a également quatre autres filles, il est polygame, mais sa première femme est paralysée et sa deuxième épouse vient de perdre la vie. Il se retrouve seul pour prendre soin de la fratrie.

Afin de trouver une solution, une réunion avec les « sages » de la famille se tient à Dassa, à laquelle je ne peux participer puisque je me trouve à l'étranger. En premier lieu, les quatre grandes sœurs du bébé sont placées au sein de familles béninoises. Maman récupère deux d'entre elles. Mais personne ne peut s'occuper du petit garçon. Mes cousines qui n'ont pas encore d'enfant ne sont pas non plus en mesure de le récupérer. Pour ma part, je n'envisage pas d'adopter un bébé de plus de deux mois afin que nos liens se tissent le plus tôt possible. La perspective de prendre cet enfant qui a déjà une lourde histoire et qui est probablement traumatisé d'avoir perdu son repère le plus cher m'impressionne. C'est ainsi qu'initialement, je refuse.

Cependant, au cours des jours qui suivent, je ne puis détacher mes pensées de ce petit être. Je sais qu'il sera bientôt placé dans un orphelinat et cette perspective me déchire le cœur. Je demande alors à ma mère de m'envoyer une photographie de l'enfant.

À l'instant où je reçois le cliché sur mon téléphone, je ressens une douleur vive dans mes entrailles. Je découvre un petit garçon au regard mélancolique que j'ai envie de serrer dans mes bras. Quelque chose d'indéfinissable en lui résonne au plus profond de mon être. Le bébé porte deux prénoms : Espoir et Kamoudjo qui signifie en dialecte africain : « Que l'on procure ». Quels symboles ! Ce sont des signes évidents du destin. Espoir sera mon fils.

Je dois désormais étudier avec l'orphelinat les modalités pour adopter ce petit homme. Je recueille les conseils d'un avocat. Il m'explique qu'une adoption plénière qui permet à l'enfant adopté d'acquérir une nouvelle filiation n'est pas envisageable, étant donné que le père d'Espoir est vivant. En revanche, nous pourrons réaliser une adoption simple qui octroiera la possibilité à mon fils de conserver tous ses liens avec sa famille d'origine. Je souhaite avancer coûte que coûte. Nous déposons ainsi, avec Andrea, une demande conjointe d'adoption.

Au cours de la procédure, on me pose beaucoup de questions sur la façon dont je vais pouvoir subvenir aux besoins de mon enfant, mais aussi comment je vais allier mes activités de maman et de basketteuse. Je pars souvent en déplacement à l'étranger, mais j'indique au juge et au psychologue que lorsque je serai présente, ce seront des moments précieux que j'offrirai à Espoir. Je travaille également pour lui offrir un meilleur avenir. Sans oublier sa filiation naturelle, j'aurai également à cœur de lui offrir d'autres perspectives, à l'image de ce que mes tantines ont effectué avec moi. Le Bénin procède à des enquêtes très poussées parce que bon nombre d'enfants béninois adoptés ont parfois échoué dans des circuits morbides d'exploitation et ont par la suite été vendus ou prostitués. Ces contrôles sont absolument nécessaires et je m'y plie avec la meilleure volonté. Du côté de ma famille, il y a également beaucoup d'interrogations. Certains me demandent si j'ai des problèmes de santé ou une incapacité à concevoir. Il s'agit simplement d'une envie impérieuse d'être maman!

En juin 2014, quelques jours après mon mariage, je m'envole pour le Bénin, afin de rencontrer Espoir pour la première fois. Il a un an et demi. Dès que je l'aperçois, l'amour que je ressens pour lui est immédiat. Mes sentiments sont confirmés. Je l'aime comme si je l'avais fait et que je l'attendais depuis toujours. Le petit homme s'attache tout de suite à moi. Je sens qu'il est à la recherche d'un amour inconditionnel. Au pays, la coutume culturelle charge la maman de témoigner son affection à son enfant. Je tente de combler Espoir de toutes mes forces. Il me le rend au centuple, puisqu'il m'appelle maman dès notre première rencontre!

En attendant que l'adoption soit possible, ma mère l'accueille chez elle. Il ne se sent pas dépaysé car il est en présence de deux de ses sœurs, comme un petit prince ! C'est dur de quitter le Bénin sans Espoir. Je crains qu'il ne se souvienne plus de moi la prochaine fois que nous nous reverrons. J'appelle mon petit garçon tous les jours sur WhatsApp et lui promets que « maman viendra bientôt le chercher ».

À Istanbul, je suis, pas à pas, l'avancée du dossier ; je retiens mon souffle. Au mois d'avril, je rempile au Fenerbahçe, mais à la fin de la saison, nous perdons le championnat et l'EuroLigue contre Galatasaray. Quelques semaines plus tard, à la suite de ces déconvenues, mon agent s'entretient avec le président du Fenerbahçe qui est furieux de cette débâcle. Il décide de virer toutes les joueuses, à l'exception des basketteuses turques !

Le droit du travail étant moins étoffé qu'en France, il est plus difficile de se prévaloir contre ce type de situations, mais je n'ai pas l'intention de me battre, ni d'entamer une procédure aussi longue qu'aléatoire. Je décide de tourner cette page ottomane et de diriger mon regard vers l'avenir.

Quelques jours plus tard, mon agent m'annonce qu'une opportunité intéressante se dessine pour moi en Chine. Le club d'Heilongjiang est intéressé par mon profil, pour un format de contrat atypique de cinq mois. Les trois premiers mois sont assurés et si je ne suis pas qualifiée pour les Playoffs (la WCBA), les semaines qui suivent seront rémunérées au prorata du nombre de jours où je disputerai des matchs. J'accepte. Mon expérience au sein de l'empire du Milieu fut à la fois riche et ubuesque. J'y reviendrai.

Attente intenable

Sur le plan émotionnel, je traverse des montagnes russes. L'attente est douloureuse. Dès le premier jour, je me suis appropriée ce petit garçon qui peuple mon imaginaire. La frustration de ne pas pouvoir vivre avec lui est intense. C'est un vrai parcours du combattant. J'oscille entre espérance et désillusion, au gré de l'avancée de mon dossier d'adoption. Il manque toujours un papier. C'est pire que d'accoucher! C'est aussi une école de patience qui demande beaucoup de ténacité et de volonté. Entre l'agrément, les méandres administratifs et les allers-retours, cela requiert une sacrée organisation, mais je ne lâche jamais rien. Chaque étape est une victoire. Un pas de plus.

Mon contrat en Chine s'achève en décembre 2014. Je rentre en Italie et demeure dans l'attente de mon petit garçon. Marcello Cestaro, le président de mon ancien club de Schio, apprend que je suis de retour. Il m'appelle pour me proposer de revenir jouer chez lui et m'explique que l'équipe qu'il a constituée n'est pas très efficace. La mayonnaise ne prend pas. « Je sais que tu as ton projet d'enfant, mais j'ai besoin de toi », me confie-t-il. Marcello a été si humain avec moi lorsque je jouais à Schio que je ne peux refuser sa proposition. Je lui précise toutefois que ma priorité demeure mon fils. Il me promet de me libérer au plus vite si la situation l'exige. Je signe mon contrat à Schio jusqu'à la fin de la saison 2015, ce qui représente cinq mois.

Je découvre rapidement les problèmes d'ego et les luttes de pouvoir qui gangrènent les relations entre les joueuses américaines et italiennes. Marcello m'assigne ainsi une mission officieuse : un travail de fond à mener au sein de l'équipe. Je m'approprie ce rôle de leadership et m'attache à créer des moments privilégiés entre les filles. Chaque mercredi, j'instaure un rituel : je prépare un repas africain à mon domicile, du mafé notamment, un ragoût de viande accompagné d'une sauce à la cacahuète. Ma mère me prépare des épices (poisson séché moulu, gingembre, laurier, poivre blanc et noir) aux goûts si différents de ceux que je trouve en Europe afin que je prépare cette sauce exceptionnelle, à l'arachide notamment.

Ces soirées thématiques apaisent tout le monde et créent des moments où les filles ne se trouvent pas en situation de concurrence sur un poste de jeu. Une cohésion s'instaure entre les basketteuses.

Mon idée s'avère efficace. Nous remportons tous les matchs et nous nous hissons à la tête du championnat ! À l'issue de la saison, le président du club me demande de rester. Espoir n'est toujours pas là. La situation demeure bloquée. Pour me rassurer, Marcello me fait une proposition : « Tu joues au mieux, et dès que l'on t'appellera pour récupérer ton enfant, tu auras la liberté de partir sans contrainte. » Je signe pour deux années à Schio.

Le week-end, je retrouve Andrea dans notre maison qui se trouve à Livourne, en Toscane, à trois heures de Schio. J'aime beaucoup Livourne. On la surnomme la « petite Venise ». C'est l'une des villes les plus modernes de Toscane, même s'il existe de nombreux vestiges archéologiques. Je m'y sens chez moi.

Cet été-là, après avoir terminé ma saison en équipe de France, je décide de partir au plus vite en Afrique.

Je boucle mes valises en vitesse, mais, coup de théâtre, Andrea m'annonce qu'il ne souhaite pas m'accompagner. Il avance qu'il a mal supporté le transport lors de notre dernier voyage. Je ravale ma colère et ma déception, et m'envole seule, à la mi-juin, pour rejoindre Espoir. J'ai tellement hâte de revoir mon bébé.

Mon seul but est de le récupérer au plus vite.

Lorsque j'arrive sur place, mon avocat m'annonce que l'on ne pourra pas procéder à l'adoption d'Espoir, car mon mari est absent. Nous avons effectué officiellement ensemble la demande d'adoption de notre petit garçon, il faut également être deux pour la signature ! La procédure achoppe sur ce point crucial et ne peut aboutir. Mon conseiller m'offre toutefois une porte de sortie. Étant donné que le père biologique du bébé est un membre de ma famille, je pourrai a priori récupérer mon petit garçon en tant que tutrice, mais je ne serai pas légalement la maman d'Espoir. Tant pis ! L'essentiel, pour moi, est que mon enfant puisse se blottir au creux de mes bras et que je lui transmette tout l'amour que je ressens pour lui.

Le père biologique d'Espoir accepte de rédiger une attestation qui stipule qu'il renonce à son autorité parentale. Une délégation de tutelle se met ainsi en place.

Un visa pour la France

Le 14 juillet 2015, je reçois un coup de fil de l'ambassade dans la soirée. Celui que j'attends depuis presque deux ans. Une jeune femme m'annonce avec une voix douce : « Lundi matin, venez voir le consul et récupérer le visa de votre fils pour la France. » Ça y est, la procédure arrive enfin à son terme ! Je saute de joie et laisse échapper mes larmes. Les papiers sont en règle, l'épreuve s'achève. Cela a pris une grande place dans mon cœur et dans les agendas.

Je suis reconnaissante de l'aide administrative que m'a apportée l'ambassadrice de France au Bénin : je dois une fière chandelle à Sandrine.

Une dizaine de jours plus tard, le 27 juillet, j'atterris en Italie avec, dans mes bras, mon petit garçon âgé de trois ans. J'ai réussi à accueillir mon fils à l'issue d'un processus qui a duré presque deux ans. Plus long qu'une grossesse ! Je savoure ma victoire, la plus belle de ma vie. Devenir maman est une source de joie intarissable. Mon rêve se concrétise.

Il me reste deux semaines de vacances. Nous mettons ce temps libre à profit pour partir tous les trois nous oxygéner à la montagne. Les séjours en altitude font désormais partie de ma routine, car cela me fait un bien fou. Même s'il a refusé de m'accompagner au Bénin, Andrea accueille son petit garçon comme si de rien n'était, avec bonheur.

Espoir s'acclimate très vite à son nouvel univers italien. Il ne comprend pas la langue mais je lui traduis tous les mots en français. C'est un enfant éveillé et attentif à son environnement. Il est à mon image : actif, expansif et taquin. Il aime le contact. À la maison, j'instaure un rituel câlin du biberon de lait le matin et le soir ; mon bébé n'avait jamais bu dans un biberon auparavant. À l'orphelinat, il avalait des bouillies. N'ayant pas pu l'allaiter, c'est une manière pour moi de nouer un lien proche avec lui, même s'il grandit à vue d'œil.

Je souhaite par ailleurs offrir à mon enfant un troisième prénom : Luiz, que je tatoue sur mon bras. Mais mon fils ne répond jamais à ce prénom. C'est décidé, il s'appellera Espoir pour toujours.

Il m'accompagne tous les jours à la salle d'entraînement pour me regarder travailler et toutes les filles veulent le prendre dans leurs bras. Mon fils devient rapidement la mascotte de l'équipe ! On croise peu d'enfants noirs en Italie. Il suscite l'intérêt et l'affection du club. Je réussis par ailleurs à négocier pour que mon fils m'accompagne, avec une baby-sitter, lors des déplacements courts que j'effectue. Le club observe que l'expérience est positive. Lorsqu'une maman est détendue et rassurée de savoir son enfant auprès d'elle, le résultat s'en ressent également sur le terrain.

Un mois après son arrivée à Schio, mon fils me demande de cesser de lui parler en français pour n'échanger qu'en italien ! Dès le premier regard, Andrea tisse un lien fusionnel avec notre petit garçon. Ils deviennent copains de jeu. Mon mari l'initie notamment au théâtre et Espoir montre une certaine appétence pour le milieu artistique.

Espoir développe en revanche une légère phobie du retour au pays au cours des deux premières années. Il craint que je l'abandonne si nous retournons au Bénin. Pour apaiser son angoisse, je ne mets pas les pieds à Cotonou pendant cette phase tendue et lui explique calmement que nous serons ensemble pour la vie. Je saisis à quel point il n'est pas d'adoption sans abandon.

Chaque jour, je fais de mon mieux pour combler ses petites carences.

Sa peur finit par disparaître. Espoir intègre l'école et se fait de nombreux petits camarades. De mon côté, cette maternité contribue largement à mon épanouissement et me permet de prendre du recul vis-à-vis du basket. Lorsque je rentre à la maison, mon enfant se fiche de savoir s'il y a eu un mauvais match et ne comprend pas les enjeux. Je dois m'en occuper et c'est tout de suite!

9

MOMENTS SUSPENDUS CHEZ LES BLEUES

Pascal Pisan me l'avait prédit à Tarbes : en 2006, j'intègre la première sélection de l'équipe de France Jeunes qui réunit les joueuses âgées de moins de vingt ans. Je suis coachée par Francis Denis. Lorsque je rejoins ce stage, l'ensemble des basketteuses se connaissent depuis longtemps. Elles ont déjà traversé, main dans la main, le circuit de toutes les sélections depuis l'âge de quatorze ans. Je me sens à la fois perdue et intimidée. Il me faut du temps pour trouver mes marques, mais Francis déploie toute son énergie pour que je me sente en confiance. Les yeux dans les yeux, il me confie avec douceur et fermeté : « Isabelle, si tu te trouves ici, ça n'est pas pour tes beaux yeux, mais parce que tu le mérites. Prends possession de l'équipe et montre-nous ton talent. » Ses paroles me touchent et brisent quelque peu la glace avec mes coéquipières.

Le coach a vécu précédemment en Côte d'Ivoire, dans une ambiance multiculturelle. Le fait qu'il connaisse l'Afrique et ses relations sociales facilite nos échanges. Il comprend notamment le poids et le sens des non-dits. Je ne suis en France que depuis deux ans, je m'acclimate aux us et coutumes, mais il me reste encore du chemin ! Dans le milieu, Francis est connu comme le loup blanc pour sa sévérité. J'estime, pour ma part, qu'il est simplement exigeant. Il privilégie en outre le dialogue avec moi, ce qui me permet de me sentir à l'aise : lors des nombreuses réunions qu'il organise, il prend souvent la température et me demande comment le stage se déroule pour moi, ce qui me permet d'exprimer mes attentes. Il est un parfait préparateur mental.

J'effectue mes trois premières semaines de stage avec les Bleues durant l'été, à l'Alpe d'Huez. Il fait 30 degrés à l'ombre et nous nous entraînons deux fois trois heures par jour. Le rythme est soutenu !

Ce premier été se passe de la meilleure des façons et nous nous préparons pour les championnats d'Europe à Sopron, en Hongrie. Nous finissons troisième et obtenons ainsi la médaille de bronze. Je suis également sacrée MVP sur la compétition. Cette récompense individuelle m'emplit de bonheur !

Ces succès me valent d'être pressentie pour l'équipe de France féminine A, avec ma coéquipière Sandrine Gruda, alors qu'il me reste encore une année chez les jeunes. Les championnats du monde des moins de vingt et un ans en Russie se profilent et nos ambitions sont élevées.

Francis, l'entraîneur des moins de vingt et un ans, prend les devants : « Isabelle, je ne la lâche pas ! L'équipe n'est pas la même sans elle », prévient-il. Finalement, lui et Jacquy Commères, le nouvel entraîneur des Séniors, parviennent à couper la poire en deux : Sandrine effectue sa préparation avec l'équipe des A et retrouve notre team juste avant la compétition des moins de vingt et un ans, à Moscou. Dans la capitale russe, pendant l'été 2007, nous remportons avec les filles, la médaille de bronze contre l'Australie. Mes deux années en équipe de France jeunes se concluent en beauté, puisque je décroche deux médailles.

Coup de fil magique

Quelques semaines plus tard, mon téléphone sonne. Je suis convoquée en équipe Séniors par le même Jackie Commères. Il est chargé de préparer l'été 2007 : les championnats d'Europe se dérouleront en Italie. Il nous faut glaner les places qualificatives pour le TQO, le Tournoi de qualification olympique de Pékin. J'ai du mal à intégrer ce groupe de joueuses brillantes qui compte, entre autres talents, Audrey Sauret, Sandra Le Dréan, ou encore Edwige Lawson-Wade. Je me sens comme un cheveu sur la soupe ! Je mesure pleinement le chemin à parcourir, au contact de ces grandes dames de mon sport. C'est un bonheur surprenant et incommensurable de faire partie des rares élues.

L'expérience se révèle sensiblement plus confortable qu'avec l'équipe des jeunes sur le plan de l'intendance. Il me fallait me munir de plusieurs tubes de lessive pour laver mon linge à la main quotidiennement : deux shorts, deux maillots, deux brassières, deux cyclistes pour les deux entraînements quotidiens. Avec les grandes, il y a un système bien huilé de ramassage de notre linge qui nous revient propre et plié. C'est magique ! La vie est belle et nous travaillons d'arrache-pied pour les championnats d'Europe en Italie.

Toutefois, même si les différences d'affinités ne sont pas formulées explicitement, je sens vite des fissures se dessiner au sein du groupe, entre la vieille génération dirigée par le capitaine Audrey Sauret et la jeune, à laquelle j'appartiens.

Je partage ma chambre avec Audrey Sauret. Au cours des premières soirées, je suis impressionnée par sa présence. Je me sens intimidée, j'ose à peine exister… Lorsque Loïc m'appelle, je sors dans le couloir pour faire le moins de bruit possible et rester discrète. Audrey est une jeune femme agréable mais nous savons toutes qu'il ne faut pas la déranger. Elle a en outre la réputation de posséder un fort caractère que personne ne s'aventure à contrarier !

Je passe le plus clair de mon temps dans la salle de kiné. En marge des soins qui nous sont prodigués sur les tables de massage, il règne dans cette pièce une bonne ambiance. Nous pouvons papoter et déguster du chocolat noir et des douceurs au lait que les médecins nous mettent à disposition. Étant gourmande, je suis sensible à ces attentions délicates auxquelles je ne suis pas habituée.

Le soir, on s'y retrouve aussi. Les membres du staff boivent un verre ensemble dans une ambiance conviviale et nous nous détendons entre joueuses. Nous décompressons, blaguons et échangeons sur des sujets qui n'ont rien à voir avec le basket. Cette atmosphère bon enfant me plaît et sied à ma nature expansive et tournée vers les autres. Je demeure une tornade. J'aime la vie, je danse, je chante du Céline Dion à tue-tête et ris tout le temps. Je vis les choses à fond. J'ai besoin de relations sociales et je ne souhaite pas rester isolée dans ma chambre. Je vis ma meilleure vie !

En compétition, on joue très mal. Je n'ai pas pleinement conscience que l'équipe de France doit se calibrer pour les JO. Il ne s'agit que de ma troisième sélection, je n'ai pas encore intégré le vécu de cette équipe légendaire. Nous perdons de nombreux matchs, mais nous pouvons intégrer les sept premières places qualificatives du TQO. Face à la Belgique, je joue contre Ann Wauters, le meilleur pivot européen. Je suis motivée à l'idée de me livrer à ce duel. Dès que l'on me place face à un défi, je ressens une envie irrépressible de le relever. Cela fait partie de mon ADN. Malgré un match intense, nous échouons. C'est un désastre. Tout le monde est effondré.

Au vestiaire, l'orage éclate. Les filles tirent une tête de six pieds de long. Audrey, notre capitaine, prend la parole. Elle est dans une colère noire. « C'est inadmissible de jouer aussi mal ! », assène-t-elle. On sent que notre coach est dépassé. Cette secousse nous fait comprendre les enjeux de Pékin. Le fait d'avoir manqué la qualification sonne la fin d'une époque dorée. Après cet échec cuisant, Jacky Commères est remercié.

C'est Pierre Vincent, son assistant, qui prend la tête de l'équipe en 2008. Il était auparavant entraîneur à Bourges notamment. Pierre décide de faire table rase du passé. Les anciennes basketteuses sont remerciées. Dans le milieu, cette décision de ne convoquer aucune joueuse emblématique du basket français fait jaser.

Mais Pierre campe sur ses positions. Il nous fait comprendre que l'équipe de France n'appartient à personne. « On écrit son histoire et l'on s'en va », nous précise-t-il. On était là hier, mais notre place ne sera jamais acquise demain. C'est de bonne guerre. Nous sommes au service de la nation et devons accepter qu'il y ait meilleur que soi le lendemain.

L'harmonie avant tout

Le coach convoque Emmanuelle Hermouet. C'est du jamais-vu d'appeler une joueuse de deuxième division ! Mais Pierre persiste et signe. Selon lui, l'objectif n'est pas de recruter les plus fortes, mais de constituer une équipe qui offre la meilleure cohésion possible. La nouvelle équipe est notamment constituée de Sandrine Gruda, Céline Dumerc, Florence Lepron, Marion Laborde et Clémence Beikes. Il rappelle aussi Cathy Melain qui a pourtant mis un terme à sa carrière internationale depuis quelques années. Le coach nous surnomme les « Marie-Louise », car nous sommes quasiment dénuées d'expérience.

Nous partons à la guerre, la fleur au fusil, pour le championnat d'Europe de 2009. Nous ne pouvons nous prévaloir d'aucune tête d'affiche. Il n'y a que des jeunes basketteuses. Le pari de notre coach est simple : il ne vise pas les plus belles statistiques, mais rêve que l'on grandisse ensemble. La complémentarité prend le dessus sur la performance individuelle. L'année d'avant s'étant mal finie, nous devons à tout prix redorer notre blason. Nous jouons une série de matchs afin de nous qualifier pour le championnat d'Europe. Nous nous rendons dans des pays de moindre pedigree en matière de basket, en Lettonie, Grèce ou Italie. Petit à petit, nous nous construisons une identité. Avec les filles, on s'appuie sur Sandrine Gruda qui s'avère très efficace offensivement. Elle possède un jeu athlétique solide et court beaucoup.

Divine surprise ! L'été 2008, nous nous qualifions pour le championnat de 2009 ! La force du groupe l'a emporté. Nous avons toutes adhéré à ce projet.

Cependant, lorsque nous arrivons au championnat d'Europe, le public nous prend à la légère, étant donné nos échecs passés. Nous gagnons pourtant le premier match de la compétition. Est-ce un hasard ? Nous remportons aussi la deuxième rencontre et nous nous qualifions pour les quarts de finale. Même si notre victoire a été arrachée de peu, nous sommes là. Le groupe prend progressivement confiance. La performance crée la confiance. Même si individuellement, nous ne sommes pas plus talentueuses que les autres, en groupe, nous nous révélons être un rouleau compresseur. Chacune tient un rôle bien défini et nous l'acceptons. La seule chose qui nous importe est de gagner.

Nous sommes menées par l'Italie pendant le premier quart-temps. Pierre nous conjure de ne pas regarder le score et de nous concentrer sur nos efforts et notre objectif. Nous repartons de plus belle. À la dernière minute, nous arrachons une victoire de trois points, grâce aux shoots dans le corner de Florence Lepron. Notre victoire est inattendue. C'est grâce à ce sacre que l'on nous qualifie, à partir de ce jour-là, de

« braqueuses » ! Nous sommes une équipe étonnante et détonante. Le champagne coule à flots et les larmes envahissent nos visages.

Après cet exploit, nous enchaînons les victoires et affrontons la Russie en finale d'un championnat d'Europe mémorable. C'est l'époque de la grande Russie. L'équipe féminine est championne en titre depuis les trois dernières éditions. Contre toute attente, nous la battons et finissons championnes d'Europe ! L'histoire des Braqueuses ne fait que commencer.

2009 est une année charnière, intense. Après cette victoire, tout le monde nous attend. S'imposant face à la Russie de manière inattendue, notre jeune équipe écrit l'une des plus belles pages du basket français. Nous avons déplacé des montagnes pour porter la France vers ce nouveau sacre. C'est l'apothéose, le nirvana pour notre génération et je suis persuadée qu'elle n'a pas atteint son apogée. Je suis absente pour le championnat du monde qui suit, parce que blessée. En 2011, nous nous classons deuxième du championnat d'Europe.

L'année suivante, nous avons les Jeux olympiques de Londres dans le viseur. Je sors d'une année où tout s'est déroulé à merveille. J'ai remporté l'ensemble des matchs pendant ma saison à Schio, mais je commence à me poser des questions sur mon rôle en équipe de France. J'adhère à la philosophie de Pierre Vincent, mais il ne me titularise pas pour autant dans son équipe type et ne me laisse pas longtemps sur les parquets. Je doute et me remets en cause. En parallèle, mes problèmes de genou continuent de me ronger. Au cours de l'été, mon coach m'appelle. Il s'explique enfin au bout du fil. « Isa, t'es la seule joueuse capable de performances uniques sur un temps de jeu restreint. En trois ou quatre minutes, tu sais faire la différence, c'est cela que je recherche. On impacte l'adversaire avec toi », me confie-t-il.

J'obtiens la réponse à mes questions existentielles ! Pierre a besoin de moi dans ce registre. Cette discussion me rassérène et met un point final à toutes mes incertitudes. Je poursuis donc mes efforts pour être la plus performante, sur un temps très court. Je sais que j'ai la confiance de Pierre, c'est le point le plus important.

J'ai conscience de ma puissance, mais je ne suis pas vraiment rapide. J'accepte ainsi mieux mon rôle. Je dispose de mon moment pour m'exprimer. De fait, je suis plus ouverte avec les filles, même si je ne noue pas de grandes amitiés. Je n'ai pas grandi avec mes coéquipières. Il demeure une barrière que je ressens en filigrane. Je suis la naturalisée du groupe, la pièce rapportée. Je n'ai pas emprunté le circuit des jeunes comme elles. Mon chemin n'a pas été balisé comme pour la grande majorité des joueuses internationales. Cette différence que l'on me fait sentir me laisse parfois un goût amer.

Première marqueuse

Malgré cette pierre d'achoppement, une ouverture se fait jour, au cours de l'été 2012, avec mes partenaires de jeu. Nous sommes obligées de passer par un tournoi de qualification fin juin, à Ankara. On se qualifie au TQO en Turquie. Nous saisissons notre unique chance de pouvoir participer à ces jeux que nous convoitons tant. Nous jouons notamment face à la Corée, la Turquie et le Sénégal. L'étape de la qualification a été démente! Je suis la meilleure marqueuse! Épanouie, je joue avec plus de liberté dans le cœur, ce qui nous permet d'être accréditées pour les JO, quelques semaines plus tard. Nous avons désormais droit à une chambre individuelle et l'équipe de France nous offre un meilleur confort. Les villes qui sont choisies pour les stages sont plus agréables. Nous en profitons pour faire du tourisme, en dehors de nos heures d'entraînement.

Nous disposons d'une semaine de repos avant de démarrer le stage pour les JO qui est ouvert pour la première fois aux familles. On peut venir accompagnée de qui l'on veut. Andrea me rejoint à Deauville. Le cadre est idyllique. Nous devons effectuer un seul entraînement par jour. Je mets à profit mes moments de liberté. Nous louons une voiture avec Andrea et partons découvrir les richesses culturelles du patrimoine normand: Caen et ses plages, Mondeville et les délices culinaires du Calvados. L'été glisse doucement. Pour la première fois, nous n'avons pas l'obligation de prendre nos repas avec l'équipe. Je profite de ce temps suspendu, mais ne me départis pas de mon sérieux pendant les séances de travail. C'est un contrat de confiance et de respect réciproque que je noue avec les Bleues.

L'étape turque s'est avérée un mal pour un bien, puisque nous nous présentons à Londres avec déjà seize matchs dans les jambes depuis le début de l'été, pour quatorze victoires. Lorsque nous pénétrons dans le village olympique, nous sommes euphoriques. Nous avons relâché notre concentration trois ou quatre jours auparavant. Au tournoi contre l'Australie, nous essuyons une défaite cinglante. Le scénario est similaire avec le match que nous disputons contre l'Angleterre. Pierre explose dans les vestiaires, alors qu'il est habituellement d'un calme olympien. Il nous engueule comme du poisson pourri : « Je ne reconnais pas mon équipe ! OK, c'est bien d'être arrivées aux JO, mais vous n'entrerez pas dans l'histoire juste en participant aux Jeux. On ne se souviendra de vous que par vos performances ! » Le message est clair. Il nous trouve, à juste titre, trop exaltées et pas assez réfléchies. C'est la première fois que je le vois hausser le ton, taper du poing sur la table !

Je sors du vestiaire choquée par ses paroles. Sa solide mise au point aide toutes les filles à se recentrer. L'équipe féminine de handball n'est pas autorisée à participer à la cérémonie d'ouverture pour se reposer et rester concentrée. Il faut en effet marcher, piétiner et rester debout pendant près de cinq heures.

Pierre Vincent nous autorise à y assister pour la présentation de l'équipe, mais nous convenons de rentrer dès le début du show. Maman suit en direct la cérémonie d'ouverture, depuis le Bénin. Je l'ai prévenue qu'elle ne pourrait pas me louper ! J'arbore des nattes tricolores, aux couleurs de la France, et me trouve à côté du judoka Teddy Riner et de l'escrimeuse Laura Flessel. Mes ongles des mains et des pieds sont aussi peints en bleu, blanc, rouge. Mon look est savamment étudié! J'ai les yeux qui pétillent de joie, je suis sur un nuage, heureuse comme une gamine qui goûte les voluptés de l'instant. J'ai toujours eu besoin d'intensité, de sensualité. De vie tout simplement. Tout ce qui permet de supporter les vicissitudes de l'existence.

Rencontre avec Kobe Bryant

À la fin de la cérémonie, je pars avec Émilie Gomis. Nous essayons de nous échapper en nous faufilant dans les couloirs, à la recherche d'une issue de secours. Nous nous perdons dans le labyrinthe. Mais la vie étant bien faite, nous tombons nez à nez avec Kobe Bryant! L'une de mes idoles! Émilie n'ose pas l'aborder, elle me charge de cette délicate mission. Je retiens ma respiration et l'accoste. Je me présente à lui, en anglais, et nous prenons une photo tous les trois. Il nous demande si nous allons jouer le lendemain. Au fil de la discussion, j'apprends que Kobe Bryant a joué précédemment en Italie. Il y a même vécu jusqu'à l'âge de huit ans. Nous nous mettons dès lors à échanger en italien et quittons tous ensemble le lieu de la cérémonie par une issue que nous finissons par dénicher. Obnubilée par cette rencontre inattendue, je ne prête pas attention aux autres stars américaines du basket. Kobe finit par nous souhaiter bonne chance et nos chemins se séparent.

Après la cérémonie, je dois me concentrer sur mon objectif: gagner. Mais dans mon lit, je me sens au bout de ma vie! Je repense à cette légende de la NBA si avenante qui s'est adressée à nous avec une simplicité déconcertante. Je ne parviens pas à trouver le sommeil. Je suis trop excitée !

Ma vie s'est construite au gré d'enchaînements non prémédités. Le fait de participer aux Jeux olympiques est une expérience hors du commun. Il n'y a pas beaucoup de sportifs qui ont la chance et l'honneur d'y participer. Chaque moment est intense. Dès que je tourne la tête, je croise des personnalités mythiques. C'est déstabilisant. Avec mes coéquipières, nous sommes comme des gamines à Disneyland ! Un matin, au petit déjeuner, l'athlète jamaïcain Usain Bolt, la légende du sprint, se trouve en face de moi !

Nous disputons notre premier match dès le lendemain de la cérémonie d'ouverture. Grâce aux énergies positives que j'ai accumulées, je suis chargée à bloc. Nous gagnons l'ensemble de nos matchs et parvenons en quart de finale.

Nous nous trouvons pour la première fois en difficulté contre la République tchèque. C'est le match où je reçois, en public, ma fameuse demande en mariage ! Nous reprenons du poil de la bête vers la fin de la rencontre. C'est une bénédiction. Nous ne laissons pas la partie adverse s'exprimer dans ce qu'elle préfère. Pierre, notre coach, trouve à chaque instant le mot juste. Il nous ramène dans le match quand on s'égare. On le surnomme à ce titre « le magicien ». Le match est irrespirable tellement il est intense, et nous gagnons ! C'est le retour des Braqueuses ! Après une confrontation épique, on l'emporte 71 à 68.

Nous sommes à une marche d'une première finale olympique. C'est la première fois que les Bleues se hissent dans le dernier carré des JO où nous rencontrerons, dans deux jours, la Russie, championne d'Europe en titre. Nous pouvons aborder l'échéance avec ambition, après être sorties vivantes du guêpier tchèque, face aux vice-championnes du monde qui ont failli briser notre magnifique élan.

En demi-finale, la rencontre contre la Russie s'avère corsée. Les Russes se sont dotées, en renfort, d'une meneuse américaine extrêmement douée, Becky Hammon. Elle a entraîné Tony Parker. C'est la première femme qui a officié en tant qu'entraîneur adjoint d'une équipe de NBA, les San Antonio Spurs. Ce fut d'ailleurs une petite révolution aux États-Unis. La veille de la rencontre, les joueuses russes ont accordé une interview au quotidien *L'Équipe* dans laquelle elles expliquent qu'elles ont perdu leur dernier match contre nous parce qu'elles n'ont pas joué leur vrai basket…

Dans les vestiaires, Pierre tarde à venir nous coacher. Cela me surprend. Il tient *L'Équipe* à la main et se contente de nous montrer l'article. Nous nous empressons de le lire. Cela nous met dans une colère folle et nous remonte à bloc! Nous sommes animées par une envie stratosphérique de tout défoncer!

Nous sommes en finale

Malgré l'enjeu, nous entamons le match avec sérénité. Déjà victorieuses des Russes avec un score de 65 à 54, lors de notre dernier match du premier tour, nous enfonçons le clou lors d'une partie autrement plus importante que nous survolons littéralement, avec, soyons humbles, une maestria incroyable. Nous capitalisons tout le long sur une défense hors norme, tout en trouvant des solutions en attaque. Nous dominons le dernier acte pour sceller notre place en finale : nous battons la Russie 81 à 64. Les Braqueuses font sauter la banque ! Une épreuve ultime de rêve contre les États-Unis s'offre à nous.

Nous entrons dans le cœur des Français. C'est historique. Nous allons à notre tour nous attaquer à la forteresse américaine, quadruple tenante du titre, pour un nouvel exploit, le plus grand de tous. On a toutes conscience que cela sera compliqué face à une équipe invaincue aux JO depuis vingt ans. Mais en attendant, on est assurées de remporter notre première médaille olympique, un an après le bronze, à l'Euro 2011, et trois ans après avoir remporté le titre européen en Lettonie.

Nous avons surfé sur la vague de confiance qui nous porte depuis notre arrivée à Londres pour battre la Russie pour la deuxième fois en quatre jours, ce qui mérite une statue en soi. Cela représente un superbe résultat pour notre groupe né sur les cendres d'un Euro 2007 funeste, sanctionné par une non-qualification pour les Jeux de Pékin. Nous fêtons notre médaille d'argent déjà acquise. C'est inédit. Nous sommes le premier sport féminin à ramener une médaille olympique.

À la North Greenwich Arena, nous commençons le match contre les Américaines avec quinze points de retard. Nous essayons de revenir, mais la bataille est très vite pliée. La force de notre rouleau compresseur, notre grand atout, semble évaporée dans la froideur de cette soirée londonienne. Mises en confiance par nos maladresses, les Américaines lâchent franchement les chevaux. Nous nous inclinons 86 à 50. Il faut reconnaître que la dernière marche était trop haute. Nous avons été tétanisées par l'événement. En basket, cette tension se manifeste par des choses simples, visibles pour le profane : une exécution offensive plus saccadée que de coutume, des tirs pris dans la précipitation. Et surtout, des pertes de balles par wagons.

Je me force à ne pas rester sur cette dernière impression. Se souvenir uniquement des belles choses. Cette formidable médaille d'argent, la première de l'histoire des Jeux pour un sport collectif féminin, couronne un parcours incandescent (sept victoires, une défaite) où nous avons offert une qualité de basket souvent jubilatoire et de jolis sourires en prime. La joie domine. Céline Dumerc, notre capitaine, prend la parole. « C'est énorme, incroyable de finir avec une médaille. Je suis fière de mon équipe », clame-t-elle face à la presse.

Je conserve des amitiés solides de ma tranche de vie avec les Bleues, notamment, avec Jennifer Digbeu, avec qui j'ai joué de 2009 à 2012. Même si nous nous voyons rarement, nous nous appelons régulièrement pour parler de nos vies respectives. J'ai également partagé de nombreux moments emplis de gaieté, en dehors des parquets, avec Endy Miyem.

Au fil des semaines, je suis devenue la chouchoute du public. C'est sa présence qui m'aide à me surpasser.

J'aime l'idée d'être capable d'insuffler du bonheur aux gens. Pierre Vincent estime que j'ai besoin d'énormément d'attention, c'est pour cela que je véhicule beaucoup d'énergie et que le public s'identifie à moi. Je figure par ailleurs, à ma grande surprise, dans la liste des trente athlètes les plus sexy des JO de Londres ! Je suis la seule Française parmi les élues. Avec mon look reconnaissable entre mille, je ne pensais pas dégager de la sensualité, mais je me sens flattée et cela booste mon moral.

Lorsque nous montons sur la deuxième marche du podium des Jeux olympiques de Londres, je mesure le chemin parcouru. Cette médaille olympique comble mes espoirs les plus fous. Nous nous frottons les mains avant que l'Officielle de service vienne nous remettre notre médaille, puis, nous pleurons de joie et nous nous embrassons.

L'été suivant, en 2013, nous chutons en finale à la dernière minute, à 70 contre 69, contre l'Espagne, au championnat d'Europe qui se tient à Orchies, dans le nord de la France. Je suis élue meilleure joueuse du tournoi, mais cette consécration a un goût amer. Je rêvais d'un autre scénario et convoitais une nouvelle médaille. Après notre belle breloque en argent ramenée de Londres, nous visions le titre européen. Logique pour des vice-championnes olympiques qui ont l'occasion de jouer à domicile. Mais encore une fois, nous terminons la compétition sur la deuxième marche du podium. Et cette fois-ci, sans les sourires. Il faut reconnaître que les Espagnoles ont été rigoureuses, imposant une pression de tous les instants. Sur notre sol, nous ne sommes pas passées loin d'offrir à la France un troisième sacre continental après 2001 et 2009. Nous en avions les moyens. Edwige Lawson-Wade, qui prend sa retraite, rêvait d'une autre fin. Elle n'est pas la seule…

Nous changeons de coach en 2014. Mais je ne participe pas à la compétition puisque je me marie avec Andrea et vais rencontrer mon fils Espoir. Valérie Garnier prend les rênes de l'équipe. L'année suivante, lorsque je reviens, les choses ont changé. Avec Valérie, j'ai du mal à m'exprimer sur le terrain. Je me sens frustrée. Avide de conseils et de réconfort, j'appelle Jean-Pierre Siutat, mon « papounet », lors de l'été 2015. Je lui annonce que je souhaite arrêter. Il refuse et me souffle fermement : « Tu as les JO de Rio en 2016 à préparer. Si tu n'es pas blessée, tu y vas. » J'écoute ses conseils et demeure dans l'équipe. J'ouvre le dialogue avec Valérie et lui fais part de mon ressenti. Mais dans les faits, rien ne change. Aux JO de 2016, je ne me sens toujours pas impliquée dans le groupe pour pouvoir donner le meilleur de moi-même. Si je perçois que les gens n'attendent rien de moi, il m'est difficile de m'impliquer dans le jeu.

Nouveau capitaine

Céline Dumerc est blessée, elle souffre d'une entorse à la cheville gauche. La Fédération française de basketball officialise son forfait pour les JO. Elle est remplacée par Amel Bouderra. Nous devons dès lors élire un nouveau capitaine. Trois candidates sont en lice : Sandrine, Endy et moi. Sandrine sort rapidement de la course parce que la mission ne lui tient pas à cœur. Céline s'exprime alors publiquement et dit : « Endy tu as déjà été capitaine et de toute façon tu auras encore l'occasion d'exercer ce rôle. Isabelle est probablement la personne la plus appropriée. » Endy acquiesce. Chacune vote alors en son âme et conscience.

Je suis élue capitaine. Nous communiquons le résultat à notre coach. Ma mission consiste à faire le trait d'union entre les joueuses et le staff. Mais je rencontre des difficultés à obtenir le programme de nos journées. Lorsque je fais part de ce couac à Valérie, je découvre entre-temps qu'une autre joueuse l'a reçu avant moi. Je retourne voir Valérie et lui dis : « Si tu ne voulais pas de moi comme capitaine, il fallait désigner la personne que tu souhaitais. » Je ne reçois pas de réponse. Mon style franc et direct tranche avec cette approche énigmatique.

Je me sens perdue face à ces non-dits, d'autant plus que la coach ne me fait aucun reproche. J'ai du mal à trouver mes marques lorsqu'on ne nomme pas les choses. Sans être hostile, la relation se délite, je ne me sens pas impliquée dans la vie du groupe et mes douleurs aux genoux ne vont pas en s'atténuant.

C'est à ce moment que je prends la décision de privilégier ma vie familiale. Sacrifier mes étés loin de mon fils et mon mari me paraît de moins en moins supportable. Je tourne ainsi le dos à neuf belles années en bleu.

10

PÉKIN EXPRESS...

À l'été 2014, mon corps me fait si mal que je songe sérieusement à mettre un terme à ma carrière. Mais la vie fait parfois preuve de plus d'imagination : mon agent m'appelle pour me faire part d'une opportunité inédite en Chine pour quelques mois, comme je l'ai évoqué plus haut. Une saison brève me laisserait le temps de m'occuper d'Espoir. Le club du Heilongjiang, province du nord de la Chine, me propose par ailleurs le contrat le plus lucratif de toute ma carrière. Les Chinois n'offrent qu'une seule place par équipe aux étrangères qui sont triées sur le volet. Je me plais à rêver au destin incroyable de Maya Moore, la meilleure joueuse américaine de la décennie qui a notamment porté les couleurs chinoises du club de Shanxi Xing Rui Flame.

Partir en Chine et découvrir une autre culture représente une occasion unique pour moi. Je n'avais jamais pensé à cette éventualité auparavant. Je sais que le club du Heilongjiang n'est pas très bien classé, mais je décide de prendre de plus amples renseignements. J'appelle ma camarade australienne Lauren Jackson, qui a officié dans ce club, pour recueillir son avis. Lauren m'explique qu'elle n'a pas gagné beaucoup de matchs en Chine et qu'il faut s'entraîner beaucoup là-bas, mais elle considère que c'est une belle expérience. « Reste ouverte et lance-toi », me souffle-t-elle. Je décide de foncer. Dans ma carrière, comme dans ma vie, dès qu'une chose me parle au fond de mon être, je n'hésite pas plus de deux ou trois jours.

Le calendrier du championnat chinois est décalé comparativement à l'Europe. Il démarre à la fin du mois d'octobre. Afin de ne pas perdre de temps et conserver un rythme correct, je fais appel à un préparateur physique qui me coache à mon domicile, à Livourne, afin que je sois performante dès mon arrivée.

Je souhaite consacrer deux semaines complètes avant le démarrage de la saison pour m'intégrer à l'équipe. Je demande donc au club de bien vouloir m'accueillir quinze jours plus tôt pour m'acclimater au pays. L'équipe accepte ma proposition. J'ai hâte de découvrir ce pays fascinant et de m'enrichir culturellement et humainement !

Je m'envole pour la Chine au début du mois d'octobre. Le voyage est long. Lorsque je survole Pékin, je suis déjà éreintée, mais il me reste encore huit heures de vol, car le Heilongjiang – qui signifie « rivière du dragon noir » – se trouve en Mandchourie, à la frontière russe. En plein hiver, on peut rencontrer des tigres de Sibérie dans le parc forestier de la ville.

J'atterris enfin à Harbin, le chef-lieu de la province du Heilongjiang. La ville est réputée pour son sublime festival de sculptures de glace et de neige qui a vu le jour en 1963. Il fait un froid polaire. La température avoisine les moins 40 degrés. Je me suis aussi transformée en moulure de glace ! L'équipe d'encadrement est venue m'accueillir, mais le coach n'est pas présent. Il nous reste encore une heure trente de route à parcourir.

Nous arrivons à minuit à l'hôtel où je séjournerai pendant mon contrat. Je n'aurai pas à me soucier des repas. Ici, tout est conçu pour la performance et l'efficacité. Je dispose d'une suite luxueuse et l'on me présente mon traducteur, un jeune homme d'une vingtaine d'années qui mesure de deux mètres dix ! Il me paraît maladroit et timide. Il loge dans une chambre face à la mienne. Sa mission consistera à me traduire en anglais l'ensemble des discussions. Je demande à mon traducteur si je peux rencontrer le coach. Le jeune homme part se renseigner. Lorsqu'il revient, il me dit : « Le coach te verra demain matin. Tu as fait plus de trente-cinq heures de voyage, il souhaite que tu te reposes. » Je m'endors paisiblement. J'ai été très chaleureusement accueillie et suis heureuse de mes premières heures passées dans cette contrée si lointaine. Ma nouvelle aventure commence sous les meilleurs auspices. L'humain passe parfois avant la performance. C'est rassurant.

Le lendemain, je n'ouvre les yeux qu'à 13 heures. J'ai cuvé ma fatigue ! Lorsque je pars de l'hôtel pour me rendre au centre commercial qui se trouve à cent mètres, mes cils sont gelés ! Je fais machine arrière et retrouve ma chambre en courant. Sur le chemin, j'entends les filles rentrer de l'entraînement. J'en profite pour me présenter à l'équipe. Aucune joueuse ne parle anglais. Les échanges sont naturellement limités pour l'heure. Je me rends ensuite dans un salon privé pour faire la connaissance de mon coach. Très avenant, ce dernier m'apprend qu'il me suit régulièrement via les réseaux sociaux et qu'il admire mon parcours. Ses compliments me font plaisir. Puis il entre dans le vif du sujet : « Notre club n'est pas le plus performant de Chine, notre joueuse étrangère de l'an passé n'a pas été à la hauteur, mais avec toi, nous avons espoir de gravir quelques marches et de nous positionner en milieu de tableau », me confie-t-il.

Je lui demande comment s'organisent les journées dans le club et quel est le format de leur championnat. Mon nouvel entraîneur m'explique que les journées démarrent tôt, à 8 heures, et se terminent à midi. Première surprise ! D'habitude, je commence les entraînements plus tard dans la matinée. Une deuxième séance d'échauffement se tient de 16 heures à 20 heures. J'écarquille les yeux. Les filles effectuent quatre heures d'entraînement d'affilée ? Je ne voyais pas les choses ainsi. Effectuer huit heures d'entraînement par jour me paraît contre-productif. Il me détaille ensuite le contenu de l'entraînement qui comprend deux heures de course et de préparation musculaire, puis une heure trente de basket, et enfin trente minutes de shoot. J'explique au coach que je pratique habituellement un seul entraînement par jour et jamais plus d'une heure trente, à l'issue de laquelle j'effectue trente minutes de shoot. La pratique du sport ne correspond pas à des horaires de bureau ! Ma remarque le fait sourire, mais il semble un brin tendu. Il poursuit sa tirade sur l'organisation du championnat et m'explique qu'étant donné que la Chine est une contrée immense, les basketteuses jouent deux semaines à domicile, à raison de trois matchs par semaine, puis partent deux semaines en déplacement et disputent un match tous les deux jours. À l'extérieur, l'entraînement a lieu en salle le soir, pendant deux à trois heures.

Je suis bouleversée par cette organisation qui me paraît démente. Le lendemain, j'appelle ma mère qui me rappelle son précieux conseil : « Quand tu arrives quelque part et que les gens marchent sur la tête, marche sur la tête. » Cette pensée est devenue mon mantra.

Des horaires stricts

Le réveil sonne à l'aube, à 6 h 45, pour ma première journée ! La rigueur militaire est de mise. Tout est chronométré ! Les filles se placent en file indienne pour attendre le bus. D'habitude, je déboule à la dernière minute, avec l'indolence qui me caractérise. Le changement est brutal. Nous sommes vingt-cinq basketteuses à l'entraînement, alors que les meilleurs clubs européens n'en dénombrent pas plus de douze. Je comprends que la quantité prime sur l'intensité de l'échauffement. Nous avons beaucoup de temps de repos entre chaque action. Je comprends dès lors pourquoi chaque séance dure quatre heures.

Je cours beaucoup lors de ma première journée d'échauffement, mais ne joue pas beaucoup au basket. Grâce à l'aide de mon traducteur, j'interpelle le coach et lui livre mon ressenti : « Pour moi, ce rythme n'est pas soutenable, d'autant plus que je souffre de problèmes récurrents au genou. Tu vas me perdre à cette allure! Le but est que je puisse jouer au basket!» Je lui demande donc de pouvoir pratiquer une séance unique d'entraînement par jour, conformément à mes habitudes, avec muscu, basket et shoot. Le coach se montre ouvert à ma suggestion et obtempère. Dans la foulée de nos échanges, je lui donne mon avis concernant l'organisation de ses entraînements avec les filles dont le niveau est disparate en raison notamment de la taille importante de l'équipe. Il suit mon conseil, passe à dix-sept joueuses et allège les horaires. Désormais, il proposera deux entraînements de deux heures trente et nous commencerons la journée à 9h30.

En quatre jours, je parviens à modifier par petites touches l'organisation du club. Les filles apprécient ces nouveaux aménagements de leur emploi du temps. C'est ainsi qu'elles commencent à s'intéresser à moi. Les Chinoises sont d'un naturel réservé. Je ressens clairement que leur parole n'est pas libérée, à la différence des joueuses en Occident. Je décide de faire un pas vers elles et d'ouvrir le dialogue en les invitant à dîner dans le salon de ma suite. Les premières fois, elles arrivent par petites grappes, par curiosité, et finissent par toutes me rejoindre en moins d'une semaine. Mes coéquipières ne bénéficient pas de chambres aussi grandes que la mienne ni des mêmes conditions financières. En Chine, les basketteuses sont salariées de l'État, à l'instar des militaires. Certaines ont opté pour le basket un peu par défaut.

Le dialogue s'anime rapidement. Elles me demandent pourquoi j'ai choisi de pratiquer le basket, puis nous passons rapidement à des sujets de filles! Elles sont intéressées par le vernis que je porte sur les ongles des mains et des pieds. Je leur propose de colorer leurs ongles mais, sur la défensive, elles m'expliquent que le coach leur interdit cette coquetterie. La confiance s'installe vite entre nous. Mes deux premières semaines en Chine passent à la vitesse de l'éclair.

Pour mon premier match, nous affrontons Pékin, club vice-champion l'année précédente, grâce notamment à la présence d'une brillante joueuse américaine, Brittney Griner. La jeune femme affiche un physique hors norme. Elle mesure deux mètres trois et recèle un fort potentiel. Auparavant, c'était le pivot de l'équipe nationale américaine (Elle est incarcérée aujourd'hui en Russie suite à la découverte à la douane de produits cannabinoïdes dans ses effets personnels). Mais surprise, je marque 35 points et nous remportons le match ! Cela n'est jamais arrivé dans l'histoire du club du Heilongjiang de vaincre Pékin. Nous enchaînons les victoires au cours des semaines qui suivent. Je suis fière de ne déplorer aucune défaite à domicile pour les cinq rencontres que nous disputons.

Une ambiance commence à naître. Au départ, le public est composé de mille personnes, puis la salle accueille au fil des matchs plus de quatre mille spectateurs. Les filles sont folles de joie. Je suis heureuse d'apporter ma contribution à leur épanouissement.

Se détendre

Chaque semaine, je décide d'innover en proposant à mes camarades d'effectuer une nouvelle sortie afin de colorer leur quotidien. Nous allons notamment dîner au restaurant et nous balader. Au bout de deux semaines, nous bénéficions d'une journée entière de repos. Je leur dis alors : « Venez, on va au spa ! » Mais elles me répondent en chœur : « Il faut demander la permission au coach ! » Pour convaincre notre entraîneur, je lui détaille notre programme : « On va se faire belle, se faire masser, pratiquer des gommages sur notre peau, et même se vernir les ongles. » Je le vois changer de couleur, mais il conserve son flegme et me confie : « Tu sais, Isabelle, ici ces pratiques ne font pas partie de nos habitudes. » Puis, il laisse passer une minute de silence et finit par accepter. Je suis ravie ! J'emmène toutes les filles au spa et leur offre l'ensemble des soins.

Je me sens honorée de les inviter. Après notre après-midi au spa, nous dînons au restaurant et partageons entre filles une soirée démente, emplie de joie. Toutes ont le sourire aux lèvres. Certaines se font épiler les sourcils pour la première fois de leur vie. En termes de relations humaines, cette expérience est exceptionnelle. Nous immortalisons ces instants inédits et heureux en prenant de nombreuses photos. Mes nouvelles amies se montrent câlines et chaleureuses. La glace est définitivement brisée entre nous. Cette jolie expérience resserre nos liens et nous enchaînons les victoires.

Lors de chaque repos, nous poursuivons notre rituel avec une nouvelle activité. Pour leur faire plaisir, je les accompagne au cinéma voir un film chinois auquel je ne comprends rien ! Je me contente de regarder les images. Elles rient toutes de bon cœur en me voyant faire des grimaces. L'important est de passer un bon moment ensemble. Un après-midi, après avoir joué à proximité, nous partons au sud de la province du Sichuan, à la rencontre du Grand Bouddha de Leshan. Taillée dans la falaise du mont Lingyun, cette statue monumentale de Bouddha de soixante-et-onze mètres de haut est spectaculaire de beauté. Elle présente une palette de couleurs fascinantes et a nécessité plus d'un siècle de travail. Selon la légende, ce bouddha, le plus grand du monde, doit son existence à un moine bouddhiste qui souhaitait protéger les marins qui empruntaient le périlleux confluent des trois rivières : Dadu He, Qingyi et Min. J'apprends également que ce site est le premier lieu d'établissement du bouddhisme en Chine. Mes coéquipières découvrent ce lieu pour la première fois. Nous rencontrons des moines adorables qui me proposent de faire vibrer une immense cloche. Le gong provoque des vibrations inouïes dans mon corps et fait vibrer mon âme ! L'expérience est exceptionnelle. Dans un monde envahi par le bruit, je découvre que ce type de massage sonore procure d'immenses bienfaits. L'effet positif des vibrations sonores est connu depuis des millénaires en Chine, mais aussi en Inde et au Tibet. En l'espace de quelques semaines, nous vivons ensemble des moments forts en dehors du basket et notre équipe est soudée. Nous enchaînons des succès sur les parquets, car nous nous faisons plaisir.

Le coach comprend qu'il est possible d'allier le plaisir à la performance. Il décide même de participer à nos sorties qui éveillent de plus en plus son intérêt. Nous l'accueillons avec joie parmi nous. Au milieu de toutes ces femmes, il est comme un coq en pâte et nous le choyons. Nous allons découvrir cette jungle urbaine, futuriste et bouillonnante qu'est Shanghai et effectuons une promenade le long de la rivière Huangpu recouverte de lotus. J'en prends plein la vue! Nous dînons ensuite dans un délicieux restaurant, puis visitons le marché aux puces, le Plaza Yinyang Market, l'un des plus célèbres de la ville, et flânons dans un marché flottant, haut en couleur. J'achète quelques souvenirs et m'assure toutefois que les marchands ambulants ne vendent pas des faux à prix d'or, car la Chine est le pays des imitations.

Le lendemain, on part jouer au Shanxi, pour les Playoffs, contre l'équipe de Maya Moore, coachée par un homme que j'adore, Lucas Mondelo, un Espagnol pure souche doté de beaucoup de charisme. Elles sont championnes en titre du championnat chinois. Nous perdons.

Nous continuons les phases éliminatoires et, détail important, nous nous trouvons face à l'équipe de l'armée chinoise du sud, le club de Bayi. Dans chaque pool de Chine du nord et du sud, il y a une équipe militaire. Toutes deux participent au championnat. Aucune étrangère n'est autorisée à jouer dans ces équipes. Autre particularité du pays, les basketteuses étrangères jouent lors des trois premiers quart-temps, mais doivent se retirer du jeu pour le dernier quart-temps.

Lorsque je rejoins le banc à dix minutes de la fin, nous menons de 12 points. Mais l'équipe adverse revient au score et égalise, à sept secondes de la fin. Nous parvenons à marquer un dernier panier à la toute dernière seconde. Le match semble plié, il reste toutefois 0,6 seconde à jouer. Le pivot adverse reçoit la balle, la contrôle et prend un shoot près de l'arceau qui rentre. Les arbitres valident son panier. Nouvelle égalité. Le problème est que cette séquence de jeu est impossible à réaliser en un laps de temps aussi court. Nous demandons donc à visionner la vidéo. Notre requête est refusée. Pour plaider notre bonne foi, mon club propose les images de la caméra avec laquelle il filme la rencontre. Nouvelle rebuffade. Les arbitres ordonnent de reprendre la partie, mais mes coéquipières et moi refusons de prendre part à la prolongation. Les officiels déclarent le match forfait.

Nous quittons la partie et partons récupérer nos affaires au vestiaire. Le lendemain, nous prenons un vol pour Shanghai où nous devons jouer. Deux jours plus tard, avant le déjeuner, notre coach est appelé via FaceTime sur son ordinateur. J'aperçois un homme chinois visiblement très en colère qui crie à travers l'écran. L'ambiance se raidit. Les regards se ferment. Je demande au traducteur de m'expliquer ce qui se trame, mais il conserve le silence. Le coach ne répond pas aux invectives de son interlocuteur, puis finit par raccrocher.

Dans la salle, l'atmosphère est glaciale. Le coach m'explique que le président de la fédération a décidé de disqualifier notre équipe du championnat. Il estime inadmissible que nous ayons osé protester. Sanction d'un autre temps : nous ne jouerons plus. Nous sommes tristes d'être exclues du championnat. Je saisis à quel point les clubs de basket chinois sont dépendants de la politique. Certaines équipes sont poussées à briller plus que d'autres, notamment celles de la capitale.

La condamnation ne s'arrête pas là. Les basketteuses chinoises de mon club doivent plier bagage. Pour s'être soustraites à l'autorité de leurs instances, elles seront envoyées en camp militaire de redressement. Je suis sous le choc.

Quant à moi, l'on me propose de rester dormir à l'hôtel le temps de préparer mes affaires, avant de quitter le pays. Ma tranche de vie chinoise prend tout à coup un tour dramatique.

Adieux déchirants

Le lendemain de ces annonces ubuesques, je vois mes amies revenir du centre commercial des cadeaux plein les bras à mon attention. Lorsque j'ouvre les paquets, je découvre des bijoux, un magnifique kimono rouge, brodé au fil d'or, et des baguettes pour mes repas. Au restaurant, je demandais toujours une fourchette parce que je ne m'en sortais pas avec les baguettes. Cela les amusait beaucoup.

Mes camarades me remercient de ce que je leur ai apporté et nous nous enlaçons tout en fondant en larmes. Je pleure comme une Madeleine. Nos effusions sont de courte durée, un bus attend les joueuses à 13 heures. Elles partent réapprendre la discipline.

Je suis abasourdie et demande au staff de me réserver un billet pour le lendemain. Je souhaite quitter les lieux au plus tôt. Le coach pleure à chaudes larmes. « Merci pour tout, tu m'as fait progresser », me glisse-t-il au creux de l'oreille. L'instant est déchirant. Nous n'avons pas eu le temps d'anticiper les dures réactions que généreraient nos actions.

Le prochain vol disponible pour regagner la France est trois jours plus tard.

En atterrissant sur le sol français le 30 septembre, j'aurais pu jouer profil bas et me chercher une autre destination sportive, en toute discrétion. Je ne me mêle pas de politique en général, mais l'affaire est trop inique pour ne pas être racontée. Je décide de la relater dans mon blog accueilli par le Huffington Post. Rapidement, je fais les gros titres de la presse qui titre : « Yacoubou expulsée de Chine », « Yacoubou échappe de peu au camp militaire »… Raccourci un tantinet trompeur.

Une joueuse chinoise est parvenue à conserver son téléphone en cachette. Les autres basketteuses ont dû renoncer à tous leurs effets personnels. Je reçois ainsi des clichés et des vidéos où l'on aperçoit les filles en rang, pendant des heures, dans la boue. Je décide d'accorder un reportage à France Télévisions pour alerter l'opinion sur ce qui se trame dans les camps militaires chinois avec mes anciennes coéquipières et dénoncer ces privations de liberté.

Heureusement, cette démarche permet de les faire libérer plus tôt. Finalement, les joueuses les plus capées resteront un mois dans le camp de rééducation. Les autres tiendront le choc durant trois mois.

Je conserve des relations solides avec deux camarades chinoises. Malgré la brutalité des événements, je dois reconnaître qu'il s'agit de la meilleure expérience sociale de ma carrière. Humainement, j'ai pris une claque. J'ai découvert un peuple généreux.

Si je n'étais pas devenue maman entre-temps, je serais volontiers repartie en Chine. J'aurais tant aimé revoir mes amies.

Les personnes que j'y ai rencontrées sont authentiques, vraies et humbles. J'ai trouvé les gens ouverts d'esprit et n'ai jamais souffert de ma couleur de peau, à la différence de que ce que j'ai parfois enduré en Europe.

Certaines personnes ont certes été surprises de rencontrer une femme noire, mais les remarques étaient dénuées de méchanceté.

Un jour, alors que je me trouvais au marché, une vieille femme qui n'avait visiblement jamais rencontré de femme noire me demanda : « Je peux te toucher ? Que tu es belle ! Ça va partir ta couleur ? C'est du maquillage ? » Nous avons toutes deux ri de bon cœur. C'était un échange pur et sincère. Je n'en ai pas été contrariée.

Ma santé a par ailleurs évolué au sein de l'empire du Milieu. Je découvre les bienfaits de la médecine traditionnelle chinoise, une discipline qui nécessite plus de sept années d'études. Outre l'acupuncture, les ventouses font partie de l'arsenal de la médecine traditionnelle chinoise depuis plus de deux mille ans. Elles sont traditionnellement utilisées pour stimuler la circulation sanguine, la lymphe, et l'énergie dans le corps. En forme de cloche ou de cylindre, elles se posent sur la peau, au niveau des points d'acupuncture, le long des méridiens, et plus généralement aux endroits douloureux. Par effet de vide d'air sous la cloche, elles exercent une aspiration de la peau et du muscle de la zone ciblée, en vue de la désengorger et la décontracter.

Grâce à ces thérapies miraculeuses, je n'ai jamais souffert du genou pendant mes trois mois de présence en Chine et j'ai jeté les anti-inflammatoires que je prenais quotidiennement à la poubelle !

Outre la brutalité de la séparation d'avec mes camarades et nos au revoir précipités, je conserve un goût d'inachevé. Mon aventure a été amputée. Je demeure frustrée. J'avais prévu de visiter une dizaine d'autres villes et je rêvais de découvrir en janvier les fameuses statues de glace de Harbin. J'aurais tant aimé terminer le travail pour lequel j'étais partie. Un jour, peut-être.

11

LA FAMILLE AVANT TOUT

Je suis de retour à mon domicile à Livourne. Plutôt que de rester à la maison à ne rien faire et ressasser mon expérience rocambolesque en Chine, je retrouve le chemin de mon club de cœur, à Schio, en janvier 2015. Là, je me sens comme à la maison. Ce sentiment est renforcé par le fait que je suis mariée à un Italien et que la maison que nous avons achetée en Toscane est mon cocon. J'ai bien conscience que les équipes phares du basket féminin se trouvent en Russie et en Turquie, mais en Italie, j'ai su créer un équilibre entre ma vie personnelle et ma sphère professionnelle.

Marcello Cestaro est le président le plus humain que j'ai rencontré au cours de ma carrière. Il sait que nous nous trouvons toutes loin de nos familles respectives et son objectif premier est de faire en sorte que l'on se sente bien dans son club. Ses pensées bienveillantes pour les joueuses vont au-delà du basket. Il a toujours une attention pour nous au moment de Noël, même si rien ne l'y oblige. Je conserve tous ses gadgets de luxe précieusement.

En ce début d'année, l'équipe du Famila Basket Schio se cherche une identité. Avant mon arrivée, elle avait déjà perdu trois fois en championnat. La communication est de surcroît rompue entre les dirigeants et les joueuses. L'entraîneur Miguel Mendez me confie le leadership du vestiaire et sur le terrain. De manière générale, les filles manquent de sérénité. À cet égard, je sens que ma présence les rassure. Mais la cohésion entre les jeunes et les anciennes n'est pas encore parfaite et nous devons davantage faire preuve d'intensité dans le jeu, sur toute la durée d'un match.

J'ai également trouvé une deuxième famille en Italie qui accueille mon fils comme le leur : un jour, je poste une annonce pour trouver une baby-sitter qui puisse me seconder pendant mes heures d'entraînement. Contre toute attente, c'est un jeune homme qui répond favorablement à ma requête. Ciro me demande si cela me dérange qu'un garçon s'occupe de mon fils. Ouverte d'esprit et sans barrière, je lui réponds qu'il n'y a aucun problème. Il est fan de basket et suit avec ferveur les matchs de mon équipe. Ayant abandonné ses études, il cherche à arrondir ses fins de mois.

Très vite, Espoir l'adopte comme son grand frère et il devient rapidement bilingue à ses côtés. Ciro me présente ses parents pour lesquels j'ai un coup de foudre immédiat. Espoir devient leur mascotte. Cette famille adorable nous adopte et me propose d'accueillir Espoir lors de mes déplacements. Je pars ainsi jouer le cœur léger, avec la certitude que mon fils est entre de bonnes mains. Quand les gens entrent dans ma vie, il y a toujours une raison qui guide ce mouvement. Ils ne la connaissent peut-être pas eux-mêmes et je l'ignore également. Il n'empêche qu'il y a forcément un sens à cela.

J'ai toujours eu tendance à être une maman poule. C'est plus fort que moi. J'ai du mal à me détacher de mon enfant. Je vis beaucoup à travers lui. Le fait de savoir qu'il sera bien traité en mon absence m'offre une sérénité sans bornes, d'autant plus qu'Andrea m'avait vendu du rêve en me promettant qu'il serait présent dès l'arrivée d'Espoir dans notre foyer. Mais la réalité s'est avérée toute autre.

Lorsque nous pouvons enfin accueillir notre petit garçon, il vient à Andrea l'idée d'ouvrir une école de théâtre. À partir de ce moment, il est moins disponible pour garder notre enfant, contrairement à ce qu'il m'avait promis. En outre, la logistique n'est pas simple à gérer puisque quatre heures de route séparent Schio, mon lieu de travail, de mon domicile à Livourne. Je m'organise pour prendre en charge Espoir et me débrouille avec les moyens du bord. La présence de la famille de Ciro facilite parfois les choses. Je désirais à tout prix cet enfant, je dois l'assumer à part entière. Je découvre à cette époque qu'Andrea et moi n'avons pas la même conception de la parentalité. Avoir un fils ne se résume pas à prendre des clichés de lui ou à jouer au ballon quelques minutes avec. J'estime qu'il faut savoir se sacrifier pour son enfant, fournir des efforts et le faire passer en priorité.

Maman solo

Je suis déçue par le comportement de mon mari. Cela me prend aux tripes. Notre histoire n'avait pas été abîmée jusqu'ici par la déception. Nous ne nous sommes d'ailleurs jamais disputés ; pas un mot plus haut que l'autre, mais la rancœur demeure. Toutefois, je reviens vite à la raison. J'ai toujours pensé que l'on n'est jamais aussi bien servi que par soi-même. Cet adage se confirme ! Je bois le calice jusqu'à la lie puis tourne vite la page. Je serai capable d'élever Espoir, avec ou sans homme.

Andrea ne disparaît pas totalement. Il vient rendre visite à Espoir toutes les deux semaines à Schio et s'occupe de lui une semaine par mois, à notre domicile, à Livourne. Ses parents sont à la retraite. Ils m'avaient également promis leur aide. Mais leurs promesses se révèlent vaines. Ils ne viennent rendre visite à Espoir qu'une seule fois, pendant trois jours.

Alors qu'Andrea m'avait incitée à mettre en œuvre ce projet d'adoption, je me retrouve à gérer Espoir seule. Compte tenu de mes obligations professionnelles, je dois mettre sur pied une organisation bien huilée. J'ai besoin de nombreuses heures de sommeil pour récupérer. Mais à présent, mon petit de trois ans réclame une attention de tous les instants. Il est en outre parachuté d'un monde à l'autre, de l'Afrique à l'Europe. Je dois l'aider à bâtir des repères stables et sécurisants.

La gestion de la vie de famille se pose de manière moins épineuse pour les hommes. Lorsqu'un sportif est en couple et blessé, il n'a pas à s'occuper des courses ou de la cuisine. Une femme doit gérer en plus sa vie domestique. C'est un autre métier dont on ne parle pas et je déplore que ce pan de vie ne soit toujours pas valorisé. Il n'y a pas de prise en charge des familles pour les femmes en milieu sportif. L'été, quand je joue avec les Bleues, je fais gentiment comprendre à l'équipe de France que je suis une maman et que, pour ma sérénité, j'ai besoin que mon fils se trouve à mes côtés. Lors de ma première demande, cela ne paraissait pas envisageable. Il a fallu que j'argumente et que je revienne à la charge à plusieurs reprises pour obtenir gain de cause. Certains imaginent que le fait d'avoir nos familles auprès de nous peut nous distraire. Mais comment fait-on tous les jours lorsqu'on joue en club ? On vit chez nous, avec nos familles, et cela ne nous empêche pas de travailler !

Aux États-Unis, les enfants des joueuses font partie intégrante de l'équipe. C'est une mentalité qui a du mal à s'installer chez nous. On pense que pour que la femme soit concentrée sur son objectif, il faut l'isoler de tout. En réalité, nous sommes capables de cumuler plusieurs activités. Être maman et sportive de haut niveau n'est pas incompatible !

Lorsqu'il a quitté le Bénin, Espoir a laissé un grand vide dans la maison de maman qui l'avait pris sous son aile quand il était bébé. Je n'aurais pas pu rêver mieux pour lui, étant donné les circonstances tragiques qui ont émaillé sa jeune existence. Maman n'est pas une femme très démonstrative. Elle prouve son amour par ses actes, pas par ses mots. L'éducation qu'elle a reçue ne lui a pas transmis la force de la parole. Mais avec la distance qui nous sépare et les années qui se sont écoulées, elle a accompli de nombreux progrès ! Aujourd'hui, je ne raccroche jamais mon téléphone sans que nous nous soyons témoigné notre amour.

Elle se montre très câline avec son petit-fils et cultive le dialogue en sa présence, ce qui tranche avec la vie militarisée qu'elle nous imposait à Primous, Arnold, Laurette et moi. Je la redécouvre. Certaines personnes sont capables de changer. C'est encourageant.

Depuis la mort de papa, maman demeure en grande partie solitaire. Contrairement à moi, c'est une femme plutôt discrète, même si elle sait se montrer très sociable en public. Elle a noué des amitiés profondes, mais celles-ci se comptent sur les doigts d'une main. C'est une réalité qui ne me surprend pas, dès lors qu'on est arrivé à une certaine période de la vie et que l'on a accumulé de nombreuses expériences. Ces personnes à qui nous octroyons une place particulière dans notre cœur sont souvent les plus sincères. La qualité prime sur la quantité. C'est une constance dans la vie !

Maman s'investit dans sa communauté religieuse qui se nomme Eckankar. Ce mot signifie « collaborateur de Dieu ». C'est un mouvement religieux qui s'inspire de croyances provenant de l'hindouisme et du soufisme. Étant donné qu'elle a pris sa retraite à l'âge de cinquante-quatre ans, elle souhaite mettre à profit son expérience d'enseignante pour transmettre, de manière bénévole, une éducation spirituelle aux plus jeunes. Pour ma part, je n'adhère pas au monde des religions, mais je crois à la force des énergies. Je viens tout de même du pays du vaudou !

Avec le temps, j'ai appris à apprécier la solitude. Je prends plaisir à me retrouver seule. Je ressemble à ma mère de ce côté-là. Plus jeune, lorsque je jouais à Tarbes, j'étais une vraie fêtarde. Nous nous retrouvions avec mon groupe d'amis autour d'un verre, le soir, après l'entraînement. En devenant maman, j'ai pris goût au calme. Au plus fort de ma forme, je prévois une soirée au cinéma ! Je vieillis, mon corps a besoin de deux fois plus de temps de récupération.

Retrouvailles mère-fille

Pendant ma saison 2015-2016, à Schio, je décide d'inviter maman pour la période des fêtes de Noël. Cela fait longtemps qu'elle n'est pas venue en Europe et cela constitue l'occasion rêvée pour qu'elle puisse se reposer à mes côtés pendant trois mois. Lors de son dernier séjour en France, elle a pu nouer des liens avec mes amis ; la communication était fluide, puisqu'elle parle français. En Italie, les choses sont plus ardues pour elle. Elle se sent perdue dans ce monde latin et estime que les Italiens parlent beaucoup trop ! Leur volubilité tranche avec son caractère posé et calme.

Lorsqu'elle arrive à Schio, en pleine période de fête, la ville est en effervescence ; l'Italie est un pays très ancré dans le catholicisme. Puis la saison reprend ses droits. Maman a hâte de me voir jouer en vrai, elle n'en a jamais eu l'occasion, à part à la télévision ! Lorsqu'elle était en France, j'étais blessée. Or, depuis quelques jours, je ressens des douleurs récalcitrantes au genou. Mon médecin décide de m'arrêter car je souffre d'une tendinopathie. Je dois interrompre brutalement ma saison et une opération est programmée en janvier 2016. Je me suis un peu résignée à ces aléas, j'ai le sentiment d'avoir entamé la dernière étape de ma carrière.

Le docteur Mariani est chargé de m'opérer. C'est le chirurgien attitré de Francesco Totti, la légende du football italien et de l'AS Roma. Lorsque nous nous rencontrons, le médecin me parle franchement : « Combien de temps voulez-vous jouer encore ? Dix ans ? » Je souris et lui réponds que deux ou trois ans me suffiront amplement. Au cours du rendez-vous, il m'apprend que mon tendon s'est épaissi de manière exponentielle, il est quatre fois plus épais que la norme. Le chirurgien me propose une opération délicate et impressionnante : couper mon tendon et l'affiner.

La période de guérison promet d'être longue. Il faut compter *a minima* entre huit et douze mois avant d'espérer rejouer. Cette annonce me fait l'effet d'un couperet. Je suis affolée. Mais le soir qui suit mon opération, je commence déjà la rééducation. Je veux vite retrouver la ferveur des parquets. Je loue un Kinetec. C'est une machine qui m'aide à plier et déplier le genou. Ces mouvements quotidiens évitent à l'articulation de s'ankyloser.

Cette période de rééducation imposée nous offre à maman et moi l'opportunité de passer du temps ensemble. Elle m'accompagne chaque jour au centre de rééducation. Je la convaincs de se mettre au sport. Le cadre s'y prête, il ne faut pas louper le coche. Nous avons toutes les deux un corps imposant, je lui explique qu'elle doit à tout prix prendre soin d'elle. En parallèle de ses activités à l'école, maman travaillait aux champs avec ses parents.

Quelques mois auparavant, elle a pris l'initiative de s'inscrire dans une salle de sport, au Bénin, mais le personnel n'était pas qualifié. Elle est sortie des cours avec de féroces douleurs au genou et à la hanche. « Ce n'est pas la meilleure façon de pratiquer du sport ! », lui dis-je.

Je négocie une formule avec mon centre de remise en forme qui lui propose un cours dédié aux seniors. Maman pratique ainsi de la mobilité articulaire, du step et de la marche. À la fin de la séance d'essai, la responsable du cours m'annonce que maman possède les capacités physiques de faire plus. « Il lui faut un suivi individualisé pour progresser », me conseille-t-elle. L'objectif n'est pas de lui faire gravir des sommets mais de lui assurer une remise en forme. Je trouve une solution adéquate : nous nous calons toutes les deux sur les mêmes horaires et un kinésithérapeute s'occupe de ma mère pendant deux mois.

À l'issue des soins, maman s'émerveille : « Je ne me suis jamais sentie aussi bien ! »

Nous passons des moments intenses et enrichissants. Souvent, nous allons à Padoue, une ville située à trente minutes de la maison. Cette région volcanique abrite la plus grande station thermale d'Europe. Les eaux miraculeuses font la renommée de la ville depuis l'Antiquité. Le paradis est peut-être italien, car la détente, ici, est un art total ! Nous allons également faire du shopping à Rome et maman prend un plaisir fou à découvrir les beautés de la cité antique. Elle a soif d'apprendre, ces décors somptueux font ses délices.

Même si je suis en convalescence, nous assistons aux matchs de mon équipe. Mes coéquipières ont envie de connaître ma mère, mais la barrière de la langue inhibe la communication. Quand maman quitte l'Italie, elle me lance, comme une promesse: « J'espère que tu resteras toujours ici et que je pourrai revenir te voir. » L'instant est émouvant. Elle a découvert un univers très différent de son quotidien béninois et je suis fière de lui avoir permis de vivre des instants divertissants.

Retour sur les parquets

Au bout de quatre mois et demi d'efforts intenses, je peux reprendre les matchs! Le chirurgien m'avoue qu'il n'a jamais assisté à un rétablissement aussi rapide. Je suis remise sur pied pour les Playoffs et dispute les quatre derniers matchs de la compétition, mais nous échouons en finale. Un désastre! L'entraîneur Miguel Mendez est renvoyé et de nombreuses joueuses quittent le navire. Beaucoup de changements sont à l'œuvre dans le club, mais Marcelo Cestaro me demande de rester.

Il souhaite reconstruire une nouvelle équipe autour de moi. Je lui souffle le nom de Pierre Vincent comme suggestion d'un nouveau coach. Pierre était mon entraîneur en équipe de France. C'est à mes yeux l'un des meilleurs coachs du basket féminin. Il est devenu l'entraîneur et le directeur technique de l'Orléans Loiret Basket, un club de première division.

Je conseille à Marcello de se montrer pragmatique: « Si tu lui fais une offre intéressante, il viendra. »

Entre-temps, j'appelle Pierre et lui fais part de l'opportunité qui se dessine pour lui à Schio. Au cours de notre conversation, je lui confie que j'aimerais beaucoup que nous nous retrouvions. Il est encore hésitant lorsque nous raccrochons. Il souhaite se laisser quelques jours de réflexion. Mais la France n'ayant pas le projet de changer d'entraîneur, il reconnaît que la seule équipe où il se voit s'investir, c'est l'Italie, parce qu'il y connaît beaucoup de joueuses.

Après un échange fécond avec Marcello, Pierre Vincent signe son contrat avec le Famila Basket Schio au cours de l'été 2016. Ensemble, nous enchaînons les victoires, en 2017 et 2018. Nous montons sur la première marche du podium du championnat d'Italie et de la Coupe. Comble du bonheur, je suis sacrée MVP des deux compétitions en 2018.

12

LES FEMMES QUI ONT INSPIRÉ MES COMBATS

Au gré de mon parcours, j'ai eu la chance de rencontrer des femmes fortes qui ont changé le cours de ma destinée. Elles m'ont insufflé l'envie de me battre pour me forger une place au sein de la société.

Mes premiers mentors se prénomment Célestine et Régine, mes deux tantes évoquées précédemment. Ce sont elles qui m'ont accueilli à Porto-Novo et ont détecté en moi le talent qui m'a offert une destinée de basketteuse professionnelle. Lors de notre rencontre, en l'an 2000, c'est la première fois que je côtoie des femmes indépendantes. Je vis dans une société africaine où la femme n'est souvent que l'ombre de son mari.

Célestine et Régine me surprennent en premier lieu parce qu'elles ne sont subordonnées à aucun homme. Elles sont parvenues à obtenir des responsabilités au plus haut niveau du gouvernement béninois. Ce sont des modèles de ténacité. Je prends ainsi conscience du pouvoir de la femme, tapi au creux de chaque existence. Régine occupe un poste important au ministère de l'Élevage et Célestine conseille le président du Bénin sur le sujet de l'énergie. Leurs parcours respectifs sortent des sentiers battus, parce qu'au Bénin, la plupart des femmes qui tiennent le haut de l'affiche sont en général les épouses d'hommes riches, qui leur ont offert un commerce pai exemple. Leur mission est de faire fructifier le capital de leur mari. Une tâche dont elles s'acquittent toutefois avec un certain panache.

En créant, en 2000, l'Association des anciennes basketteuses, Célestine a par ailleurs dynamisé le basket béninois qui souffrait d'une profonde léthargie depuis plus de vingt ans. Les sportives du pays en ont été ravies. Une dizaine d'équipes fleurissent à cette époque, de nombreux tournois sont organisés et le basket reprend vie. Célestine négocie l'organisation de matchs avec les pays voisins, le Togo et le Niger, ce qui nous permet de nous confronter aux pratiques sportives étrangères. Cela a représenté un bond en avant pour ma génération. Auparavant, j'étais contrainte de m'entraîner avec les garçons.

Célestine est aujourd'hui très impliquée politiquement, elle a notamment été députée et a donné naissance à une école de basket à côté de Cotonou qu'a fréquenté quelque temps ma petite sœur. C'est le seul centre de formation du pays. Il fut un temps animé par Lucien Agassounon, mon tout premier entraîneur à qui je dois tant.

En société, Célestine et Régine inspirent le respect. Mes deux « mamans » m'ont invitée à participer à des dîners d'affaires où j'ai été frappée par l'aura dont elles jouissaient auprès de ministres ou de patrons de sociétés. Je comprends dès lors qu'il est possible de se frayer une place en dehors de son foyer. J'admire ces femmes qui s'approprient avec brio des métiers d'homme, moi qui ne me suis jamais vue comme une petite fille ordinaire.

À cet égard, un jour de Noël, mon père m'offre une poupée, j'ai six ans et je suis hyperactive. Ma déception est telle que j'enfourche avec rage le vélo de mon petit frère Arnold et me casse la figure quelques mètres plus loin. La bicyclette était bien trop petite pour mon gabarit. Mon rêve est de courir dans la forêt, pas de changer la couche de ma poupée ! En revanche, je vis le plus beau jour de mon existence lorsqu'à l'âge de sept ans mon père m'offre un micro accompagné d'un album de Céline Dion ! J'apprends toutes les mélodies par cœur et les chante à longueur de journée.

La rencontre de Célestine et Régine m'a donné envie d'en savoir plus sur l'histoire de ma grand-mère maternelle. C'est une femme inspirante qui mérite de sortir de l'ombre, une dame des champs qui a élevé seule, à la force de ses bras, une dizaine d'enfants. J'apprends qu'il s'agit de la première épouse de mon grand-père. La polygamie étant autorisée au Bénin, il finit par s'amouracher d'une deuxième femme. Délaissée, mamie aurait pu attendre les bras croisés à la maison que son époux lui rapporte de la nourriture. Mais elle a hérité de plusieurs hectares de terrain de son père et décide de transformer le plomb en or. Elle récupère les parcelles et y plante du maïs et du mil qu'elle consomme et vend au marché. Elle devient une entrepreneuse et ajoute à ses semences de l'igname et des noix de cajou. Ma grand-mère s'est battue pour être indépendante et nourrir ses enfants jusqu'à son dernier souffle. C'est une amazone.

Autonome à tout prix

Mon envie de donner à mon tour mon maximum pour devenir indépendante et me battre pour des causes qui me sont chères se fait dès lors plus pressante. Mon côté fonceur me joue parfois des tours, mais je préfère être détestée pour ce que je suis plutôt que d'être aimée pour ce que je ne suis pas. Je reste toujours en phase avec mes principes. Je suis une lionne : si les valeurs de l'autre n'entrent pas en concordance avec les miennes, je préfère rester seule, c'est mon côté indomptable.

Sur les parquets, je fais partie des basketteuses les plus grandes, la mission qui m'est assignée est de dunker, c'est-à-dire aller au panier et mettre le ballon dans le cercle. Or, un homme mesure en moyenne deux mètres dix à ce même poste de jeu. Il est naturellement plus véloce qu'une femme. Je trouve injuste de devoir jouer avec un panier à la même hauteur et le fais savoir. Je propose aux instances dirigeantes de baisser sensiblement la hauteur du panier des filles, afin que les équipes féminines puissent proposer un basket aussi spectaculaire que celui des hommes. Je me heurte à un refus catégorique. Certaines basketteuses sont même montées au créneau pour s'élever contre ce changement. Mon élan a vite été calmé !

Mais je continuerai de me battre, notamment sur la thématique de l'égalité salariale. J'appartiens à la génération des Braqueuses qui a beaucoup œuvré en la matière. Boris Diaw, le joueur international, ancien capitaine des Bleus, a lutté à nos côtés et nous pouvons nous féliciter des avancées acquises. Aujourd'hui, le défraiement des basketteuses est égal à celui des hommes, ce qui n'est pas le cas des primes. À titre d'exemple, un joueur masculin touche un bonus de 100 000 euros pour les championnats d'Europe, tandis qu'une femme est gratifiée d'une somme de 30 000 euros pour la même compétition. Il reste du chemin à parcourir.

Nous avons désormais droit à une chambre individuelle et l'équipe de France nous offre un meilleur niveau de confort. Les stages ont lieu dans des villes plus attrayantes qu'auparavant. Nous pouvons désormais profiter des lieux, en dehors de nos heures d'entraînement.

En matière de ténacité, un parcours féminin me fascine, celui de Serena Williams. J'ai suivi son histoire avec passion. J'admire l'opiniâtreté dont elle a toujours fait preuve. Serena a été très moquée pour son physique atypique et s'est battue envers et contre tout pour écrire son histoire et devenir la joueuse de tennis la plus titrée au monde. J'ai le sentiment d'avoir subi des affronts similaires qui ont écorché ma vie. J'ai bravé le même regard réprobateur d'une société normée et j'ai longtemps eu du mal à me frayer une place légitime dans le monde du sport. Mon corps m'encombre, c'est un facteur discriminant. Je n'ai pas les muscles saillants d'une athlète de haut niveau, je suis enrobée. C'est une souffrance récurrente.

En la voyant réussir et faire fi du regard des autres, Serena est devenue mon modèle. Son histoire me touche. Elle fait partie de ma génération et n'a que cinq années de plus que moi. En observant sa bravoure, je me dis que je peux y arriver également. Il est des revanches qu'il ne faut pas s'interdire. Il est temps que les abcès crèvent.

Un jour, je lis une interview de Serena Williams qu'elle a accordée au magazine *Elle* et une phrase m'interpelle. J'ai le sentiment que Serena s'adresse à moi : « *Since I don't look like every other girl, it takes a while to be okay with that. To be different. But different is good.* » (« Comme je ne ressemble pas à toutes les autres filles, il faut du temps pour accepter l'idée d'être différente. Mais la différence est une bonne chose. »)

Pour conserver ces mots précieux et réconfortants pour toujours, je décide de les tatouer sur mon bras droit. À chaque moment de doute, je les lis et me les répète, comme une prière, en silence : « Apprends à prendre confiance en toi et à t'accepter comme tu es. » Je n'ai pas la possibilité de devenir blanche ou petite. D'ailleurs, je n'ai jamais prêté attention à la couleur de ma peau avant de vivre en Europe et d'être confrontée au racisme.

Je croise Serena en 2016, aux JO de Rio. L'instant est émouvant. Face à mon idole, je suis tétanisée et ma timidité prend le dessus. Nous prenons toutefois une photo ensemble, mais nous n'avons pas le temps d'échanger.

Maman a elle-même été très gênée par sa taille. Dans les années 1970, c'était compliqué pour elle de mesurer un mètre quatre-vingt-cinq. Au fil du temps, j'ai essayé de la décomplexer. Lorsqu'elle m'aperçoit pour la première fois perchée sur des chaussures hautes de huit centimètres, elle est choquée! « Tu es déjà assez grande comme cela Isabelle », me murmure-t-elle. Mais elle finit par y prendre goût et comprend que porter des talons assure une féminité et une posture sans pareille. Chaque été, je lui ramène désormais plusieurs paires de chaussures à talons en provenance d'Europe. Elle est aux anges. Cela lui insuffle de la confiance. « C'est grâce à ma fille que je porte des talons », s'amuse-t-elle auprès de ses amies.

J'admire les femmes qui se battent pour affirmer leur identité. Grâce à elles, j'ai fini par accepter ce corps extraordinaire que mes parents n'ont peut-être pas su valoriser. C'est la raison pour laquelle je prends mon rôle d'éducatrice très à cœur. Les enfants sont les adultes de demain. J'ai la certitude que chaque petit d'homme mérite une attention cousue sur mesure, adaptée à sa personnalité.

Si un enfant n'est pas bien dans sa peau au sein de son foyer, il risque de souffrir en société. J'interviens notamment auprès de parents pour sensibiliser sur l'importance de l'éducation en Afrique où de nombreux sujets tels que la sexualité demeurent assez pesants. Les jeunes manquent cruellement d'information. Par exemple, lorsque j'évoque ce sujet avec Peace, ma nièce de vingt ans, elle devient rouge et se mure dans le silence. Je comprends que mon franc-parler puisse susciter l'embarras, mais c'est aussi le sens du dialogue que je cherche à nouer avec les jeunes générations.

Nous sommes les miroirs de nos enfants.

Peace and Sport

C'est auprès d'eux que je vis l'expérience la plus poignante de ma vie, lorsque je pars au Rwanda, en 2018, pendant dix jours, avec l'association Peace and Sport qui promeut la paix par le sport. Je découvre des enfants-soldats de douze ans. Ils me racontent, une arme à la main et sans savoir pourquoi, que le gamin d'en face est son ennemi parce qu'il n'appartient pas à leur ethnie. Nous jouons au basket, puis nous nous consacrons à un temps d'échange. Nos discussions brisent la glace.

Mon profil atypique, ma carrure et mes tatouages interpellent les enfants. La curiosité leur permet de s'ouvrir et, au fil des questions, tout le monde s'intéresse à mes tatouages. Après ma séparation d'avec Andrea, j'ai en effet décidé de graver des dessins et des mots sur mon corps. Le tatouage fait office de thérapie, outre celle que j'entreprends avec un psychothérapeute qui m'aide à gérer cette deuxième séparation que je vis comme un échec. Chaque tatouage que je grave au fil du temps a une signification précise. Je rencontre une tatoueuse au Bénin qui saisit mon projet. Je les dessine moi-même. Le premier d'entre eux est une ancre, afin que je n'oublie jamais mon attache profonde, ma famille dans laquelle je puise ma force et ma quiétude. Je dessine ensuite une boussole, en écho à mes nombreux voyages, pour que je retrouve toujours le chemin de mes racines. J'inscris également une rose accompagnée d'une pensée : « La mort n'arrête pas l'amour », en hommage à mon papa, et une fleur de lotus que je trouve d'une beauté éblouissante.

Je découvre cette fleur pour la première fois dans une mangrove insalubre. Elle me fait comprendre que l'on peut éclore et briller, peu importe d'où l'on vient. Un enfant armé me dit: « Tu n'as pas le droit de toucher à ton corps, tu iras en enfer. C'est un blasphème. » Je change de sujet et lui fais remarquer: « Les Tutsis et les Hutus, vous avez pour point commun d'aimer le football, n'est-ce pas ? » Il acquiesce sans ciller. Au gré de la discussion, l'ensemble des enfants ouvre leur cœur et, à la fin du séjour, les gamins prétendument ennemis se prennent dans les bras. Ce moment restera gravé à jamais dans mon esprit.

Voir ces gamins jouer ensemble alors qu'il semblait impossible, au départ, de les faire cohabiter est un instant sublime. Avant de quitter le Rwanda, je dis à mes petits amis de veiller à se dépasser, de toujours croire en leurs rêves et de se battre. Les rêves sans effort sont inutiles. Cela fait mal, on tombe, mais il faut avoir la force de se relever et de se montrer vaillant. Comme disait Michael Jordan, « on peut tomber dix fois si on se relève onze fois ». Il faut toujours se battre pour accéder à ses rêves. Résilience, courage et espoir sont à mes yeux les maîtres mots.

J'ai conscience que si personne ne m'avait tendu la main, je serais au point mort aujourd'hui. Je saisis à quel point le fait d'aider à amener la paix par le sport et d'utiliser mon image pour améliorer certaines conditions seront les moteurs qui guideront mon existence. À partir de 2012, j'organise donc des camps de basket au Bénin, grâce à l'aide précieuse de Patrice Talon, le président du Bénin. L'événement s'installe doucement dans le pays, mais rencontre des difficultés à se pérenniser en raison de problèmes logistiques. Je garde espoir de les renouveler prochainement.

Enfin, la première personne qui a guidé mes pas, c'est ma mère. Elle a choisi d'élever ses enfants seule, loin de son mari. Les choses auraient été plus simples pour elle si elle avait choisi de demeurer dans son foyer et de compter sur mon père qui gagnait bien sa vie. Tous les collègues de papa avaient leur femme à leurs côtés et nous faisions tache dans cette société. Mais maman est une femme forte qui tient plus que tout à son indépendance. Au pays, c'est souvent l'homme qui pose le cadre et incarne l'autorité auprès de ses enfants. La femme câline ses petits. Maman a choisi de porter les deux casquettes. Professionnellement, elle a gravi les échelons sans céder aux avances de patrons libidineux! Elle a été décorée de l'ordre national du Mérite en 2016 parce que l'éthique du travail passe avant tout pour elle. Son caractère discret accroît son aura et sa force de caractère diffuse une combativité et une vaillance qui ne me quitteront jamais.

13

DEUXIÈME DIVORCE !

La saison 2016-2017 est synonyme de reconstruction à Schio, conformément aux vœux formulés par Marcelo Cestaro. Les basketteuses de l'ancienne génération qui demeurent dans l'équipe sont moins souvent sollicitées sur le terrain par Pierre Vincent. Ce sont des légendes du basket italien qui sont proches de la retraite. Mais l'objectif de notre coach est la performance avant tout.

Les filles vivent mal cette forme de déclassement et leur aigreur se répercute sur moi, étant donné que j'ai favorisé l'arrivée de notre coach à la tête du Famila Basket Schio. Les relations au sein du groupe se dégradent, mais nous rencontrons le succès à chaque match. L'ambiance demeure toutefois instable. Les jeunes joueuses italiennes qui représentent la relève sont encensées de manière disproportionnée dans les médias, ce qui a le don d'irriter Pierre. Il recadre mes coéquipières et leur explique que pour jouer et conserver sa place, il faut avant tout performer. Son discours tranche avec les paroles suaves qu'elles sont habituées à entendre, mais cela permet de redessiner les perspectives. Les filles comprennent ainsi que rien n'est acquis.

Au fil des semaines, nous vivons une phase d'adaptation laborieuse, puis nous parvenons à trouver notre rythme de croisière et sommes couronnées de succès en championnat, ainsi que pour la Coupe d'Italie ! En 2017, je suis également sacrée MVP, pour le championnat et la Coupe.

À l'issue de sa première saison, Pierre est reconfirmé à son poste, mais les tensions continuent de s'accumuler. Les filles parviennent difficilement à tolérer la main de fer de notre entraîneur. Elles font part de leurs doléances au président du club.

De fait, Marcello se sent déstabilisé. Il oscille entre deux positions et en vient à s'interroger sur la pertinence du maintien de Pierre comme entraîneur de l'équipe féminine. Sa réaction me met en colère : je décide de monter au créneau et sollicite un entretien avec lui. Je souhaite faire bouger les lignes et l'interroge : « Faut-il contenter les joueuses ou gagner des titres ? » « Je suis d'accord avec toi Isabelle, notre priorité est de rencontrer le succès », me souffle-t-il. L'affaire est close, la crise évitée.

Au cours de cette saison, je subis des soubresauts à titre personnel. Mon couple est en déshérence. Je suis mariée et nous élevons un enfant avec Andrea, mais j'ai le sentiment de mener une vie de femme célibataire. Je me retrouve seule à gérer mon fils. Notre couple fonctionne comme une entreprise, sans affect. Mon mari est devenu un ami. L'amant a disparu. Or, je ne conçois pas le couple de cette manière. Faire l'amour constitue le ciment d'une relation, je ne suis pas mariée à mon frère! En revanche, dès que nous nous trouvons en société, il manifeste des gestes affectueux envers moi. Ses attitudes contradictoires me perturbent. Je tente de me raisonner en me répétant qu'Andrea est un artiste et qu'il a besoin de longs moments de silence lorsqu'il se trouve en phase de création, mais ma patience a des limites.

Au cours de l'été 2016, je suis au bord de l'implosion. Je fais part de ma déception à Andrea: «Lorsque je jouais en Turquie, au Fenerbahçe, tu m'as suggéré de revenir en Italie, tu as été le moteur de notre projet d'adoption. Finalement, tu n'as pas tenu tes promesses. Tu es absent.» Il admet ses erreurs: «C'est vrai, mais à ma décharge, j'ai ouvert mon école de théâtre, cette activité est chronophage. Je te promets, à l'avenir, de mieux m'organiser.» Ces réponses diplomatiques, teintées de langue de bois, ne me satisfont pas. Elles demeurent d'ailleurs lettre morte. Andrea a pour habitude de fuir tout conflit, c'est horripilant! J'essaie par tous les moyens de le faire réagir afin qu'il sorte de sa zone de confort, mais il demeure impassible et noie le poisson dans l'eau de conversations stériles.

Je reviens à la charge et décide de l'acculer à réagir: «Soit on trouve une solution pérenne, soit on se sépare.» Je refuse de m'enchaîner dans une relation qui ne m'apporte plus d'épanouissement, mais il tente de me rassurer: «Mes sentiments envers toi n'ont pas changé. Je ne veux pas te perdre.» Il joint enfin un acte à ses paroles et me propose de partir tous les trois en vacances, afin de casser notre routine et nous retrouver.

Quelques jours plus tard, nous embarquons à bord d'un petit bateau pour y effectuer une croisière de huit jours, au bord de la Méditerranée. Ce séjour constitue l'occasion parfaite pour nous rapprocher. Nous avons du temps libre, puisque Espoir rejoindra le club enfant. Le programme s'avère alléchant. Nous accostons en France, en Italie, en Espagne et en Grèce.

Désillusion

Mais au cours de cette échappée, il ne se passe rien ! Andrea ne tente pas une fois un geste tendre. Je l'interroge à ce sujet : « En tant qu'homme, il ne te manque rien dans notre relation ? » Fidèle à son flegme, il me répond le plus calmement du monde : « Si tu souhaites prendre un amant, je te donne mon feu vert. » Je n'en crois pas mes oreilles ! Mon mari est prêt à partager son épouse avec un autre homme ! Son détachement brise d'un coup notre lien, ses paroles blessantes infusent en moi. Une force dévastatrice que je ne nomme pas encore chagrin s'empare de mon être. Les jours qui suivent, je connais des réveils gonflés de larmes qui détruisent nos vacances. La lente déliquescence de notre mariage poursuit son cours.

Ma déception est telle qu'à la fin de notre croisière, face à cette situation ridicule, j'explique à Andrea que s'il ne ressent plus d'amour pour moi, je ne souhaite plus vivre avec lui. On m'a souvent dit que les hommes sont lâches en matière de rupture amoureuse. Je prends donc les devants pour acter notre rupture. Il accepte ma proposition, mais me demande un temps supplémentaire pour annoncer notre séparation à ses parents. Je n'y vois pas d'inconvénient.

Même si Andrea ne dispose légalement d'aucun droit sur Espoir, je lui indique qu'il pourra naturellement prolonger le lien qu'il a noué avec notre enfant. Mon mari me confirme qu'il souhaite continuer à faire partie de la vie d'Espoir. Nous devons dès lors réfléchir ensemble et fixer les modalités de la garde de notre petit garçon.

Une fois de plus, je comprends que la vie peut facilement renverser les bonheurs. Je suis déçue par une réalité qui s'accorde mal avec mes aspirations. Je le rassure par ailleurs sur les questions financières : « N'aie aucune crainte, je ne te laisserai pas à la rue. Tu auras de quoi vivre décemment. » Je suis actionnaire de son école de théâtre, mais lui annonce que je lui cède, à titre gratuit, mes actifs ainsi que les dividendes. Il se cabre : « Je ne t'ai pas épousée pour ton argent ! » Indifférente à ses rebuffades, j'ajoute que je lui laisserai également l'un des deux appartements que j'ai achetés en Italie, ainsi que les meubles. Logée par mon club, je suis celle qui en a le moins besoin.

Nous tombons d'accord sur les questions matérielles et prévoyons de nous revoir dans quelques mois pour peaufiner notre acte de divorce et rencontrer notre avocat commun. Je rentre à Schio et reprends le cours de mes matchs. Nous nous fixons un délai jusqu'à Noël pour dessiner les contours de notre séparation.

J'avais ouvertement fait part à Andrea de ma frilosité à l'idée de me marier en raison de toutes les épreuves que j'ai subies lors de mon divorce d'avec Loïc. Je comprends que j'aurais dû faire confiance à mon instinct. Mes agents m'avaient d'ailleurs alertée et déconseillée de sceller à nouveau une union sous le régime de la communauté de biens. Mais un mariage symbolise l'unité à mes yeux. C'est un projet commun et j'ai la faiblesse de croire en cette utopie.

Quelques mois plus tard, je croise les parents d'Andrea qui semblent ne pas être au courant de notre séparation. Pour en avoir le cœur net, je les interroge ouvertement : « Andrea ne vous a toujours rien dit ? » Ils semblent étonnés de ma question. Mon annonce a l'effet d'un couperet : « On n'est plus ensemble. » Mes beaux-parents ont toujours eu le don de se mêler de nos affaires, au cours de nos années de mariage. Cette fois-ci, ils souhaitent rester « en dehors de nos histoires ». Leur réaction m'étonne mais me convient.

En janvier 2017, nous sommes convoqués au tribunal et, surprise, Andrea arrive accompagné d'une nouvelle avocate ! C'est le moment où tout bascule. Avec son conseil, il m'annonce qu'étant donné que notre régime matrimonial est la communauté de biens, la moitié de mes salaires lui est due, depuis le début de notre mariage ! On découvre le vrai visage de l'homme qu'on épouse le jour où l'on divorce. Je suis sous le choc de ce revirement de situation. La guerre commence. Je trouve sa volonté déloyale de s'approprier mes efforts et le fruit de mes victoires. Quelle fourberie ! Étant donné qu'il n'y a plus de discussion possible entre nous, je propose que les échanges s'effectuent par le biais de nos avocats interposés. L'objectif d'Andrea est de récupérer le maximum d'argent. Sa posture est en parfaite contradiction avec les promesses qu'il m'avait formulées lors de nos noces et pour lesquelles il a bataillé. Je suis tombée dans le panneau. Fait étonnant, il ne demande en revanche aucun droit de visite ni d'hébergement concernant Espoir.

Je fais part de mon souhait à mon avocate de me débarrasser au plus vite de cette procédure pour tourner la page. « Donnez-lui tout ce qu'il demande », lui dis-je sobrement. Quelques semaines plus tard, lors de l'audience, je découvre que le juge est une femme. Face aux sommes d'argent qui sont en jeu, la femme de loi ne comprend pas pourquoi j'abdique aussi vite. Or, en Italie, opter pour la voie contentieuse implique d'affronter, en moyenne, dix années d'une procédure longue, coûteuse et épuisante. Je n'ai pas envie d'entrer dans un tel guêpier qui rongerait mon énergie et mon élan vital.

Je cède à Andrea une somme substantielle. C'est le jackpot pour lui, mais peu m'importe. Je ne suis pas matérialiste. Mon intérêt dans la vie est ailleurs.

Je ne reconnais pas l'homme auprès duquel j'ai cheminé de nombreuses années. Son changement de visage est brusque et perturbant.

Les affres de la justice

Comme il est comédien, l'idée m'effleure qu'il aurait peut-être joué un rôle tout au long de notre relation, et plus encore pendant notre divorce, le rôle de sa vie. Un brin cynique, je le lui fais remarquer : « Tu n'as pas reçu d'Oscar pour notre mariage et notre divorce, mais tu es parvenu à tes fins. » Un scénario cousu sur mesure.

Nous validons la requête en divorce d'un commun accord, en janvier 2017. Afin de prouver ma bonne foi, je transfère une partie de la somme d'argent promise à Andrea.

L'histoire ne s'arrête pas là, hélas.

Une fois les documents paraphés, mon époux saisit une deuxième fois la justice. Cette fois-ci, il demande la garde exclusive d'Espoir ! Il exige également une pension alimentaire considérable. La juge est abasourdie. Le comportement d'Andrea ne lui semble pas cohérent, étant donné qu'il n'avait pas mentionné l'existence de notre petit garçon dans sa requête initiale. Je précise à la juge que Monsieur n'a pas souhaité se déplacer au Bénin pour récupérer notre enfant lors de l'adoption et que je dispose, de fait, d'une simple tutelle qui n'est pas transmissible à Andrea. J'indique également qu'il s'occupe de l'enfant de manière sporadique et lui transmets les preuves via les documents de la nounou que je salarie.

À la suite du conflit qui nous déchire, Espoir ne voit plus Andrea pendant plusieurs mois. Ce dernier met son temps libre à profit pour ourdir de nouveaux arguments : il affirme que ma vie de sportive de haut niveau n'est pas suffisamment stable, en raison de mes déplacements, pour m'occuper dignement de mon enfant. La juge est atterrée par ses propos. « Je suis juge, Monsieur, je travaille aussi. Cela signifierait-il que je suis une mauvaise mère ? Être assignée à demeure ne fait pas d'une femme une bonne ou une mauvaise maman », s'emporte-t-elle et lui rétorque qu'il n'a aucun droit sur l'enfant qui est juridiquement sous ma tutelle. Ce lien de droit me sauve.

À Pâques, il tente une médiation et exprime le souhait de revoir Espoir. L'enfant le réclame aussi. Nous définissons les contours de leurs retrouvailles et le deal est rapidement finalisé. Andrea viendra chercher le petit à 7 heures et le ramènera à mon domicile à 19 heures, et ce, pendant les trois journées du week-end pascal.

Le premier jour, il se pointe à 13 heures ! Trois heures plus tard, il me passe un coup de fil pour m'annoncer que la situation le dépasse. « Je pète un câble, je te le ramène ! », me crie-t-il au bout du combiné. Ce scénario me paraît improbable car Espoir est un enfant facile à vivre. Il suffit de l'emmener jouer au parc ou au cinéma pour le contenter. Mais je n'ai pas raccroché qu'Andrea est déjà garé devant chez moi !

Je récupère mon petit le plus calmement possible pour ne pas lui infliger une scène mais refuse que le Sieur pénètre dans mon domicile. Il s'en va, en colère, sans accorder un regard au petit, et claque la porte. Il revient sur ses pas quelques minutes plus tard, parce qu'il souhaite récupérer ses dernières affaires : quelques t-shirts et son vélo. À Schio, nous sommes proches des montagnes qui offrent de superbes balades. Il démonte sa bicyclette et la charge dans sa voiture.

Le lendemain, il ne se présente pas à mon domicile pour passer la journée avec Espoir qui l'attend. Espoir a préparé son petit sac à dos qui sommeille dans l'entrée. Je ne souhaite pas briser sa joie et improvise un mensonge. Je prétexte une urgence qui a retenu son père loin de lui pour éviter de voir couler ses larmes. On n'a pas de recette pour préserver son enfant, on tâtonne. J'essaie de faire au mieux pour le protéger d'une absence qu'il pourrait ressentir comme un abandon.

Cet épisode sonne le glas de mes espoirs de coparentalité sereine. Andrea effectue quelques retours épisodiques, en suivant un schéma répétitif de doléances. De guerre lasse, je finis par bloquer son numéro de téléphone, pour nous préserver, Espoir et moi. Ses courriels emplis d'insultes continueront à affluer dans ma boîte de réception pendant de longs mois. Peu m'importe, leur contenu m'apparaît stérile.

Je dois me présenter au tribunal en avril 2017 pour signer les derniers papiers et acter le divorce. Afin d'éviter toute escalade verbale, je ne prononce pas un mot et évite le regard de mon ex-mari. C'est la dernière fois que je verrai Andrea.

Je jette un dernier regard à ce que fut notre couple. Dans le tréfonds de mon cœur, une lueur s'éteint.

Ce deuxième divorce atteint sévèrement mon moral. La déception plante en moi ses racines. Ayant vécu une histoire similaire avec Loïc, quoique moins violente, je m'interroge au fil des jours sur ma responsabilité dans ce deuxième échec. Je comprends que j'aimais ces deux hommes au moment où je les ai quittés. Ce conflit interne est difficile à gérer.

En me retrouvant seule à trente ans, je me demande si je retrouverai un jour quelqu'un dans ma vie. La morsure de la trahison est intense. Malgré ses dérives, le flux des jours sans lui est douloureux.

Je compose avec ma réserve de courage. Pour m'en sortir, je décide de me vouer corps et âme à mon travail. Le terrain fait office d'exutoire. Sur les parquets, je ne cogite pas. Je me défoule et donne le meilleur de moi-même. C'est bénéfique.

Un brin désabusée, je m'imagine finir vieille fille et vivre quelques flirts d'été, sans lendemain. Cela dit, mener une vie seule avec mon fils ne me pose pas de problème. J'aimais l'idée de tomber amoureuse pour la vie, mais je me suis manifestement trompée. Étant une femme fidèle, j'avais rêvé d'une telle destinée.

Thérapie salvatrice

C'est l'instant idéal pour m'accorder du temps et me connaître. Je décide d'entamer une psychothérapie. Le psychologue m'aide à analyser et à vivre mieux mes remises en question. J'ai du mal à me détacher d'une culpabilité rampante. À l'exception du basket qui est ma passion, mes doutes contaminent tous mes choix de vie : mon départ à l'étranger et la distance prise avec ma famille. Puisque Andrea ne supportait pas l'Afrique, j'avais réduit le nombre de mes séjours au Bénin, par amour.

Mes interrogations foisonnent. Ai-je vraiment connu Andrea ? Tout était-il calculé depuis le début ? Ai-je bien fait de partir ?

Face à ces incertitudes, le thérapeute m'offre une aide précieuse. Au bout de quelques séances, je comprends que mon choix de quitter mon mari était la meilleure option. Je n'aime pas les compromis et ne transige pas. Au fil des mois, mes idées redeviennent claires.

Au cours de la nouvelle saison, nous raflons tous les titres, comme l'année précédente! La FIBA, la Fédération internationale de basket-ball, instaure une nouvelle règle en 2017 : des qualifications se tiendront désormais en novembre et en février de chaque année pour intégrer l'équipe nationale. Ce protocole donne lieu à une trêve de deux semaines pour l'ensemble des basketteuses qui ne jouent pas en équipe nationale. Ayant quitté les Bleues en 2016, après les JO de Rio, je profite de ce temps libre pour m'envoler au Bénin et me changer les idées après les épreuves que je viens de traverser. Mon frère Arnold et maman m'accueillent à bras ouverts et me réconfortent. Dans mon regard, se lit l'épuisement d'une année douloureuse.

14

UN AMOUR INATTENDU

Mon séjour au Bénin me permet de me détendre et de retrouver les miens pendant huit jours. J'aime la force des histoires qui nous relient. L'odeur des épices, le bleu de l'océan Atlantique et la chaleur de mes repas en famille me mettent du baume au cœur.

La veille de mon départ, j'ai envie de déguster un poisson frais braisé en compagnie d'Arnold et de sa petite amie, mais comme j'ai quitté le Bénin depuis longtemps, je ne connais pas les bons plans. J'indique sur mon compte Instagram que je me trouve à Cotonou et que je recherche un bon restaurant de poisson. Un certain Lionel me contacte pour me dire qu'il connaît une excellente adresse et qu'il peut m'y conduire. Je lui demande de me transmettre le nom du lieu, mais il insiste pour me rencontrer, afin que l'on prenne une photo tous les deux. J'accepte sa proposition, d'autant que je connais vaguement Lionel par le biais des réseaux sociaux. Il est réputé au Bénin. C'est un célèbre animateur de concerts.

Nous nous fixons rendez-vous en début de soirée, mais je lui précise que je risque d'avoir du retard, parce que j'ai prévu d'accorder une interview à une télévision béninoise, dans un grand hôtel de Cotonou. Il souhaite obtenir mon numéro de téléphone, mais n'aimant pas communiquer mes coordonnées sur les réseaux sociaux, je lui réponds que je préfère continuer à échanger avec lui sur Instagram.

Une fois mon interview terminée, je rejoins mon nouvel ami à un point stratégique de la ville. Mon frère et son amoureuse arrivent au même moment. Au Bénin, il y a peu de noms de rue, nous nous repérons en fonction d'une situation géographique précise : en face d'un marché, d'un rond-point ou d'une échoppe connue. Une fois les présentations faites, je propose à Lionel de rester dîner avec nous. Arnold est au début de sa romance et je n'ai aucune envie de tenir la chandelle pendant tout le repas ! Il accepte de se joindre à nous.

Le personnel du restaurant se montre aux petits soins avec nous pendant le dîner. La renommée dont bénéficie Lionel y est probablement pour quelque chose. Le poisson est succulent et nous passons une soirée délicieuse. Nous échangeons comme si nous nous connaissions depuis toujours. Le lien est fluide ; je lui parle de ma procédure de séparation en cours et de mon petit garçon. Cet homme possède un charisme évident, j'apprécie sa personnalité et je me sens à l'aise. Pour ne rien gâcher au tableau, il est beau et bien gaulé ! Et s'il suffisait de se laisser aller ? Profiter du moment présent ? Je reprends mes esprits et m'interdis d'envisager une quelconque idylle avec lui : je suis une maman célibataire et mon divorce n'est pas encore prononcé. Je ne suis pas venue au Bénin pour rencontrer quelqu'un !

À la fin de la soirée, Arnold et moi proposons à notre ami de le reconduire à son domicile, mais il refuse et m'explique qu'il travaille beaucoup de nuit et qu'il doit rejoindre des collègues afin de préparer la tournée d'un concert et caler des rendez-vous avec des radios. Il tient toutefois à me prouver son intérêt pour ma petite personne : « Fais-moi signe pour me dire que tu es bien rentrée à Porto-Novo. » J'acquiesce.

À peine suis-je en train de me garer devant la maison de ma mère que je reçois un premier SMS de Lionel : « Tu n'es toujours pas arrivée ? » Dès cet instant, se noue une conversation sans fin. Nous échangeons des messages sans discontinuer. Chacun souhaite découvrir l'autre. Le lendemain, jour de mon départ pour l'Italie, il me propose de m'emmener à l'aéroport, mais je lui indique que je suis une grande fille et que je me débrouille seule depuis belle lurette. Il insiste : « Passe d'abord à la maison et je te déposerai ensuite. » Sa réponse me fait sourire : « Tu veux me draguer ? Je ne suis pas dans ce délire ! » Je sais à quel point les hommes de chez moi sont coureurs de jupons. Je demeure prudente et n'ai aucune envie que Lionel parade en disant à ses copains : « J'ai fait craquer Isabelle Yacoubou ! » À la suite de mon recadrage, il se montre gentleman et m'invite à nous retrouver sur la place de l'Étoile rouge, la plus connue du Bénin. C'est notre Arc de triomphe local ! Le monument de l'Étoile rouge date de l'époque du marxisme. Il est formé d'un cercle géant au centre duquel est dessiné une étoile à cinq branches peinte en rouge. Au cœur de l'étoile s'élève une tour surmontée par une statue représentant un homme. Il a une arme à l'épaule qui rappelle aux Béninois l'obligation du service militaire, un fagot de bois dans la main gauche, symbole de la principale source d'énergie du peuple et, enfin, une houe dans celle de droite, allégorie de l'agriculture, un levier important de l'économie du pays.

Dès son arrivée, mon ami soulève, à l'aide de ses bras musclés, mes trois valises de trente-deux kilos chacune et me mène à l'aéroport en me faisant profiter de son entregent. J'enchaîne plusieurs coupe-files et bénéficie même d'un contrôle éclair de police. Je clôture mon enregistrement à 20 heures, mais mon vol est prévu à 23 heures. Lionel profite de ce laps de temps pour m'inviter à dîner. Je n'ai pas faim, mais je bois un verre et l'observe en train de déguster son assiette. Je me sens une nouvelle fois en empathie avec cet homme. L'œil curieux, il me questionne : « Pourquoi as-tu eu peur de venir chez moi ? Je n'allais pas te manger ! » « Si tu veux me faire la cour, sache que je ne suis pas une fille facile », lui dis-je.

Il est tard et je sens, au creux de mon âme, que je vais avoir du mal à le quitter sur le tarmac. Je suis attachée à cet homme que je ne connais que depuis vingt-quatre heures, mais je me garde de lui confier mon ressenti.

Au cours des mois qui suivent notre rencontre, nous continuons de flirter de manière virtuelle et notre attirance mutuelle se renforce.

Amoureuse

Dans ma tête, je me sens en couple, malgré les kilomètres qui nous séparent. Je l'ai dans la peau. Je suis pendue à mon téléphone et à ses messages qui, parfois, tardent à venir et sans lesquels je ne peux m'endormir sereinement, malgré notre rythme et nos horaires décalés. Un jeu de séduction se met en place entre nous. Lionel est peu prolixe : il ne dévoile rien de ses sentiments et se montre énigmatique. Sa réserve est probablement liée à l'éducation qu'il a reçue. Il a grandi au Bénin où la pudeur des sentiments demeure la règle. Cette idylle me place dans une précarité totale que je n'avais jamais expérimentée auparavant.

À l'occasion de la deuxième trêve de la saison, au mois de février 2017, je décide de repartir au Bénin. Mon prétendant m'invite huit jours à son domicile. « Pendant ce séjour, je ne te partage pas avec ta famille ! », me prévient-il.

Je souhaite m'assurer que je ne perds pas mon temps avec ma relation virtuelle. J'ai également besoin de vérifier que mes sentiments sont authentiques. Arnold tente de tempérer mes ardeurs. « Tu as toujours vécu en couple. Sois plus légère et profite de ton célibat pour t'amuser ! », me suggère-t-il. Mais je ne suis pas construite ainsi. Je poursuis mon rêve de bâtir une histoire solide avec un homme. Une relation sans lendemain ne m'apporterait rien.

J'ai hâte de savoir si l'alchimie se confirme entre nous et n'ai aucune envie de sombrer dans une idéalisation stérile. Je préviens maman de ma venue, sans m'étendre sur les contours de ma nouvelle relation. C'est trop précoce. Je dois d'abord apprendre à connaître cet homme. Maman demeure discrète, elle met un point d'honneur à respecter ma vie privée.

Avant mon arrivée, Lionel installe la climatisation chez lui pour que je ne souffre pas de la chaleur. Je trouve cette attention adorable.

Mes premières heures passées chez lui sont agréables, mais je le trouve occupé, voire absent. Il est pendu au téléphone à longueur de temps. Pour se faire pardonner et en guise de parenthèse romantique, nous partons trois jours à Possotomè. Le village est connu pour sa source thermale. Il se trouve au bord du lac Ahémé, au sud-ouest du Bénin, et offre des paysages sublimes, entre lacs, plages bordées de cocotiers et forêts colorées. Lors du trajet en voiture, je suis au volant et Lionel poursuit ses conversations téléphoniques. Cela m'agace : « Lâche ton téléphone un minimum. Sinon, on fait demi-tour et on rentre à Cotonou ! » Pour apaiser mon agacement, il me présente ses excuses et me promet de faire des efforts. Il m'explique qu'il croule sous le travail et qu'il doit gérer la promotion d'une artiste : « Sois patiente, tout va s'arranger. »

Nous arrivons à destination et découvrons notre hôtel au bord du lac qui offre un cadre enchanteur. La chambre est somptueuse et un cocktail de fruits nous attend. Le directeur de l'hôtel nous accueille comme des rois et nous fait visiter son établissement. Nous sirotons notre verre sous la pergola qui a été construite sur l'eau. Je suis persuadée que la soirée qui se profile sera romantique.

Mais au cours des heures qui suivent, Lionel demeure concentré sur son travail. Je suis seule et désœuvrée dans l'hôtel. Au bout de quelques heures, je me décide à mettre les points sur les *i* : « J'ai traversé des milliers de kilomètres depuis l'Italie pour te retrouver. Tu pourrais avoir l'élégance de poser ton mobile pendant deux jours. De plus, tu connais depuis deux mois la date de mon arrivée, tu aurais pu anticiper et te libérer pour moi. » Il a l'air de ne pas saisir les raisons de mon courroux. Son regard indolent me décontenance. Il tente de se défendre : « J'ai préparé avec soin ta venue, j'ai même installé une climatisation chez moi pour ton confort. Mais je n'ai hélas pas le choix, je suis sous l'eau et dois à tout prix boucler mes projets avant d'être tout à toi. » Face à ses paroles sensées, je me raisonne et me ressaisis. Je me dis que je suis trop égoïste. Je n'ai pas envie de passer pour la névrosée de service. Vers 20 heures, nous allons dîner près du fleuve. Lionel lâche enfin son téléphone.

Nous passons une soirée exceptionnelle. Je réalise à quel point le bonheur est un état fugitif et éphémère. Lionel me confie qu'il a rejoint depuis peu, avec sa famille, la communauté évangélique. Il s'est découvert une vocation pour Jésus et se rend à l'église, en compagnie de ses parents, tous les dimanches, à 6 heures du matin. Je ne me sens pas concernée par la foi, mais je respecte sa croyance. Face au chemin qu'il a emprunté, mon compagnon m'annonce qu'il faudra patienter jusqu'au mariage pour se découvrir charnellement. Mon sang ne fait qu'un tour : « Tu plaisantes ? Je crois que tu te mets le doigt dans l'œil. Je n'ai pas fait tous ces kilomètres pour te regarder dans le blanc des yeux ! La foi est dans le cœur, pas dans les actes. » Lionel m'écoute avec attention et, Dieu merci, ses réticences se dissipent à la tombée de la nuit !

Nos deux dernières journées à Possotomè s'égrènent agréablement. J'apprends à connaître Lionel et découvre un côté un peu macho qui ne me déplaît pas totalement : il insiste pour payer au restaurant et tient à s'affirmer lorsque nous sommes en public. Par ailleurs, nous ne nous tenons pas la main dans la rue. Cette pudeur m'interpelle. Il faut dire que j'ai quitté mon pays à dix-sept ans. J'ai en outre été élevée par un père très européanisé qui officiait dans une entreprise française.

Lorsque mon séjour au Bénin s'achève, je décide de prendre ma plume pour exprimer mon ressenti à Lionel. Malgré les beaux moments partagés, je rédige trois à quatre pages pour lui exprimer mon appréhension. Il est possible que nos caractères soient incompatibles. Ayant quitté tôt le foyer familial, je suis devenue une femme indépendante. Nous possédons des points en commun, mais est-ce suffisant pour qu'une relation amoureuse puisse éclore ? C'est un homme solaire, mais il ne me révèle pas ses émotions. Or, j'ai besoin d'être rassurée par des mots qui ne parviennent pas à sortir de sa bouche. Il n'est pas suffisamment posé à mes yeux, ni prêt à s'engager dans une relation. J'imagine par ailleurs qu'il y a des dizaines de filles qui lui courent après et moi, je vis à des milliers de kilomètres de Cotonou.

Avant de prendre l'avion, je poste ma lettre, le cœur au bord des larmes. Je boucle ma valise et, sans lui parler de ma missive, le remercie de m'avoir laissée entrer dans sa vie et dans sa maison. Je ferme la porte et m'envole pour l'Italie. Mes larmes coulent pendant les six heures de vol qui me ramènent en Europe. Je suis dévastée. Cette rupture me prend aux tripes. Tout est viscéral avec lui.

J'atterris à Venise à 8 heures du matin. J'allume mon téléphone avec empressement. Mon téléphone retentit instantanément, Lionel est au bout du fil. Contre toute attente, il s'exprime avec un ton enjoué: « Coucou ma chérie, tu es bien arrivée ? » Étonnée, je l'interroge : « Tu as reçu ma lettre ? » « Oui, mais elle est trop longue, je n'ai pas encore eu le temps de la lire », m'annonce-t-il calmement. « Lis-la avant de me rappeler, s'il te plaît. Je dois me préparer pour mon entraînement. »

Le soir, il me rappelle et n'a toujours pas ouvert ma lettre. Je prends les devants : « Tu te moques de moi ? Bon, je vais te la résumer alors ! Pour faire court, c'est fini entre nous ! » D'un ton posé, il me suggère : « On peut en discuter au moins ? » Puis il continue à me parler, comme si de rien n'était : « Ma beauté, la maison est vide sans toi ! » Enfin, il aborde à nouveau le sujet principal : « On a décidé à deux de se mettre ensemble, on doit décider à deux si c'est fini ! » Cet homme est rusé. Le dialogue continue et j'attends patiemment qu'il lise ma lettre.

Complices

Avec mon cœur d'artichaut, je suis incapable de rompre le dialogue et tombe à nouveau sous son charme. Nous ne reparlerons jamais de cette lettre. Des mois plus tard, je comprendrai qu'il avait lu ma missive, mais qu'il avait préféré éluder le sujet afin de poursuivre notre relation, sans oser formuler clairement son souhait.

Je laisse ainsi une chance à Lionel et notre relation poursuit son chemin. Malgré la distance, notre lien se construit, pierre après pierre. Je lui fais toutefois comprendre que les efforts ne peuvent pas venir d'un seul côté. Il saisit la balle au bond : « Ne t'inquiète pas, je serai là pour ton anniversaire, au mois d'avril ! »

Le 21 avril 2018, je souffle mes trente-deux bougies avec lui, en Italie, à ma plus grande joie. Lionel a respecté sa promesse et nous partageons trois semaines à Schio. Notre relation s'étoffe : il découvre le quotidien d'une sportive de haut niveau, assiste à mes entraînements et rencontre mon fils. Cette immersion dans ma vie modifie considérablement les choses. Même s'il demeure peu prolixe, je mesure son attachement à moi et comprends qu'il exprime ses sentiments par des actes.

Nous possédons tous deux des caractères bien trempés et le ton peut vite monter entre nous. C'est nouveau pour moi qui n'ai pas connu de conflit ouvert avec mes deux ex-compagnons. Notre amour est passionnel et bouillant. C'est parfois énergivore, mais nous grandissons ensemble.

À ce propos, Lionel mesure un mètre quatre-vingt-trois. Je n'ai jamais prêté attention à notre différence de taille, mais je comprends que cet écart le gêne quand ses amis le lui font remarquer : « Oh ! Ta copine est plus grande que toi ! » Les mecs assument rarement d'être avec une femme plus grande. Ils aiment dominer et fuient les quolibets. Dans l'imaginaire populaire, la presse ou le cinéma, il est vrai que les photos et les plans représentant une femme plus grande qu'un homme sont rarissimes. Certains mannequins comme

Carla Bruni se moquent de ces conventions, mais d'autres grandes gigues en souffrent au quotidien. Ce n'est pas mon cas. Je me fiche de ces jugements ! Au fil du temps, Lionel finit par s'accommoder de cette situation inédite.

Il sait me surprendre. Il aborde l'ensemble de nos conversations avec humour et se livre aux pitreries les plus inattendues. Je tente parfois de le recadrer lorsque je souhaite aborder un sujet sérieux. En vain.

Nous nous apprivoisons lentement, même si nous nous sommes peu vus en chair et en os, au cours de notre première année de relation. Durant l'été 2018, je rentre au Bénin pour trois mois et nous savourons chaque instant ensemble.

En prévision de la rentrée, ma sœur Laurette me propose son aide pour garder Espoir lors de mes déplacements. Elle s'installera avec nous en Italie.

15

JE SUIS ENCEINTE !

Le 13 juin 2018, nous célébrons l'anniversaire de Lionel. Nous profitons de l'occasion pour sortir bruncher et passons la journée à flâner et à nous balader au bord de la mer. Le soir, je fais découvrir à mon amoureux une application présente sur mon téléphone qui suit mes pics de fertilité. Or, je me trouve en pleine zone délicate ! Au cours des jours précédents, nous n'avons pas été prudents : je suis envahie par l'anxiété. Ayant essuyé deux divorces et élevant seule Espoir, je ne suis guère enchantée par les risques que cela pourrait entraîner. Nous échangeons sur un ton badin : « Tu t'imagines si je tombe enceinte ? » Puis mon amoureux saisit la balle au bond : « Tu as raison. Ce n'est pas le moment d'avoir un enfant ensemble. Nous venons juste de trouver notre équilibre à trois et j'ai du mal à me projeter dans le futur. » La pilule du lendemain nous semble alors une solution suffisante. D'ailleurs, Lionel n'a pas encore révélé à ses amis qu'il était en couple. Il demeure discret au sujet de notre relation.

C'est la première fois depuis de longues années que je peux jouir de trois mois de vacances. Je prévois d'effectuer un tour de l'Afrique en 4x4 en compagnie de mon fils. Nous avons de longues semaines devant nous pour nous éclater! Nous festoyons tous les jours en famille. Ma sœur Laurette est rentrée au Bénin pour l'été et Arnold et Primous sont également à mes côtés. Ma famille est ma priorité, d'autant plus que mon réseau amical n'est pas très étoffé ici, en dehors d'Annie qui vit à Abomey.

Repliés sur notre cocon familial, nous passons nos journées à siroter des cocktails fruités, les pieds dans l'eau. Un après-midi, nous commandons des chichas qui sont confectionnées avec des fruits locaux. Lorsque je hume son odeur délicate, je lui trouve un mauvais goût. Je renvoie mon plateau et le propriétaire du bar vient me demander ce qui m'a déplu. Je lui avoue que je trouve la chicha peu fraîche. Il revient et, en gage de sérieux, découpe un ananas frais sous mes yeux, avant de me servir un nouveau narguilé. J'inspire à nouveau et le parfum ne me convient toujours pas.

« Oh m… je suis enceinte! », me dis-je. Je tente toutefois de me raisonner. Je n'ai pas de nausée ni de vomissement et mon cycle n'accuse aucun retard. La nuit qui suit, je ne parviens pas à fermer l'œil. Une intuition me taraude l'esprit. Dès le lever du soleil, je saute dans ma voiture et me rends dans une clinique privée pour y rencontrer un gynécologue. Il est tôt, le médecin est disponible et me reçoit rapidement. Je lui confie mes doutes quant à une éventuelle grossesse et lui demande de réaliser une échographie. Le praticien refuse. Il tente de me rassurer et m'explique que le fait d'avoir entamé une contraception modifie mon équilibre hormonal. « Rentrez chez vous, vous n'avez même pas de retard de règles et revenez d'ici quatre ou cinq jours si vous n'avez pas vos menstruations. Inutile de payer une échographie pour rien », me conseille-t-il. Au Bénin, le système de santé est onéreux et nous ne bénéficions pas de la couverture sociale, comme c'est le cas en France. J'insiste. « Mais non, vous psychotez. Faisons un test urinaire pour vous apaiser. » Il sort une languette de l'un de ses tiroirs et je pars au bout du couloir effectuer le contrôle.

Pendant que je me rhabille, je reviens à la charge pour l'échographie et justifie mon insistance auprès du gynécologue : « Je viens de signer un contrat pour les trois prochaines années, avec le Famila Basket Schio. Je ne peux pas me permettre un imprévu. » Il est vrai qu'en tant qu'athlète de haut niveau, une grossesse n'est pas une mince affaire. Cela suppose de mettre sa carrière entre parenthèse pour une durée significative. Les conséquences peuvent être lourdes. Pendant notre discussion, le gynécologue oublie de regarder mon test urinaire. Il obtempère : « Installez-vous. Je vais vous faire votre écho. »

Le praticien enduit la peau de mon abdomen d'un gel froid, puis promène une sonde sur mon ventre. Sûr de lui, il m'annonce son diagnostic : « Comme prévu, je ne vois rien dans votre utérus. De toute façon, il est bien trop tôt pour déceler quoi que ce soit. » Avant de terminer l'examen, il descend le long de mon abdomen : « Attendez. » Je le regarde d'un air interrogateur. Il continue de sonder mon bas-ventre. « Attendez, s'il vous plaît.» Je tourne la tête vers l'écran et aperçois un petit pois! «Je suis enceinte, docteur?» Il opine du chef. «Honnêtement, je n'aurais jamais cru que l'on puisse apercevoir un embryon alors que vous n'avez pas encore de retard de règles!»

Petit pois

Je lui fais remarquer que je suis plus grande que la moyenne. Mes cellules sont peut-être, elles aussi, plus élancées que la norme? Le médecin embraye sur un autre sujet: «Au Bénin, l'avortement est illégal, mais vous êtes française. Allez à l'hôpital français si vous ne souhaitez pas garder le bébé. En revanche, si vous décidez de garder votre enfant, je pourrai assurer votre suivi», me suggère-t-il avec bienveillance. Il griffonne sur un morceau de papier le nom et les coordonnées du médecin qui pourra me prendre en charge pour mettre un terme à ma grossesse.

Je quitte la clinique avec, à la main, l'échographie qu'il m'a imprimée en couleur sépia. Je regarde attentivement le petit pois qui s'est installé dans mon ventre. J'ai l'impression de flotter. Les yeux embués, il me faut quelques minutes pour prendre la mesure de cet événement.

Je suis traversée par des pensées contradictoires: d'un côté, je ne peux pas garder cet enfant, Lionel et moi n'ayant pas suffisamment de vécu commun à mes yeux. Je suis mère célibataire et n'ai même pas abordé avec lui le rôle qu'il tiendrait dans la vie de mon fils. En outre, j'ai été sacrée MVP pour le dernier championnat et la Coupe d'Italie. Je suis en pleine bourre. Si je parviens à achever correctement les trois années de contrat, je mettrai financièrement les miens à l'abri. Je ne peux me permettre de tout abandonner. Mais une voix intérieure me chuchote : « Cette grossesse, tu l'as mille fois désirée. Il y a plein de sportives de haut niveau qui ne parviennent jamais à donner la vie, en raison du rythme effréné que nous infligeons à notre corps. Certaines de tes consœurs ont enchaîné les FIV en vain. Tu as trente-deux ans. Ton corps est déjà usé. Garde ce petit être. »

Ma certitude d'avorter s'évapore au fil des minutes.

Je suis de retour à la maison à 8 heures du matin. Maman est réveillée. Elle me demande où j'étais passée. Je reste évasive : « J'étais allée prendre l'air. » Je ne sais pas comment m'y prendre pour lui annoncer la nouvelle de ma grossesse et me sens envahie par la culpabilité : « Que va penser ma famille ? Je suis l'aînée de la fratrie et mon comportement est loin d'être irréprochable. »

J'ai prévu de partir en week-end prolongé avec Espoir. Je mets les voiles pour quelques jours, cela me donnera l'occasion de réfléchir posément à ce qui me tombe sur la tête. Je suis en train de préparer mes valises lorsque Lionel débarque dans la chambre. « Tu fais quoi, bébé ? », me demande-t-il. En guise de réponse, je ne peux m'empêcher de lui montrer la photo du petit pois : « Je suis enceinte ! » Il est stupéfait par mon annonce : « Pas possible, je pensais que… » Afin d'éviter tout questionnement stérile, je lui indique que je pars trois jours avec Espoir et que j'éteins mon téléphone pour faire le vide dans ma tête.

Au moment où nous rentrons, mon fils et moi, de notre courte retraite au bord de la mer, Lionel est à la maison. Il m'attend. Nous ne vivons pas encore ensemble. Il a conservé son appartement à Cotonou. « Je n'arrive pas à comprendre », me dit-il, en guise d'introduction. Je le coupe : « Cela ne sert à rien de chercher des explications. Le fait est que je suis enceinte. » Il se montre empathique : « C'est ton choix, c'est ton corps. Je te laisse choisir et quoi que tu décides, tu pourras compter sur moi. » Je souhaite clarifier la situation : « Je veux garder mon bébé, mais je ne te demande rien, même pas de continuer à sortir avec moi. Je peux faire face seule à cette nouvelle aventure. On ne se connaît que depuis un an et demi. » Il paraît courroucé : « Ça ne va pas la tête ? C'est hors de question ! Je tiens absolument à jouer un rôle dans la vie de mon enfant ! » Ses paroles m'apaisent.

Je prends dès lors mon courage à deux mains pour annoncer ma grossesse à maman. Contre toute attente, elle est folle de joie ! Dans bon nombre de pays africains, une jeune femme de trente ans qui n'est pas parvenue à procréer est la cible de critiques en société. Ces quolibets lui ont visiblement fait mal, mais elle ne s'était jamais confiée à moi à ce sujet. « Ma fille, cette grossesse est une bénédiction. C'est le bon moment pour toi. C'est un cadeau de Dieu. » Nous tombons dans les bras l'une de l'autre. « Le seul bémol, c'est que je ne pourrai plus boire mon verre de vin ! », lui dis-je. Nous rions ensemble.

Les vacances prennent d'un coup une tonalité plus sérieuse. J'appelle Jérémy, mon agent, pour lui annoncer la nouvelle. Il me félicite, mais tempère d'emblée mes ardeurs parce qu'il est prématuré, selon lui, de l'annoncer au club de Schio. Mais je considère Marcelo Cestaro, le président, comme mon papi, je ne peux pas lui faire cela ! Je préfère être transparente avec lui et ne pas attendre trois mois pour éviter qu'il se retrouve le bec dans l'eau, à la rentrée de septembre. « Ton intention est louable, Isabelle, mais ce n'est pas une bonne idée. » Je raccroche et réfléchis quelques jours.

Pendant ce laps de temps, je rappelle le médecin que j'ai rencontré à la clinique privée pour lui demander de suivre l'évolution de ma grossesse. Lors de notre rendez-vous, il me prescrit des vitamines, une prise de sang et exige, *sine die*, l'arrêt complet du sport. Les conditions de la conception ont en effet été exceptionnelles : malgré la contraception, le bébé s'est accroché par miracle à la paroi de mon utérus. Le risque de fausse couche est élevé. Un argument de plus pour Jérémy : « Tant qu'on n'est pas sûrs, on ne dit rien ! »

Même si je ne suis qu'à deux semaines de grossesse, je trouve le procédé du silence malhonnête vis-à-vis du président de Schio. Le club a conçu le jeu autour de moi, depuis les quatre dernières années. C'est décidé, j'appelle Marcello : « Je suis désolée de vous mettre dans le pétrin, mais je suis tombée enceinte alors que cela n'était pas prévu. » Il est ravi pour moi, mais déçu pour le club. Je lui promets de l'aider à trouver une nouvelle joueuse et lui demande, en revanche, de ne pas divulguer l'information pour le moment, tant que je n'ai pas franchi le cap des trois premiers mois de grossesse.

Gros titres des journaux

Une semaine plus tard, je découvre avec effroi que je fais la une de la presse italienne ! Ce sont probablement des collaborateurs de Marcello qui ont annoncé ma grossesse aux journalistes. Le procédé me consterne. Moi qui m'attendais à un réflexe de protection de leur part, je suis ramenée assez brutalement à une réalité plus terre à terre. N'étant enceinte que de quelques semaines, je ne peux m'empêcher de ressentir cela comme une trahison. Malgré les postures convenues, le club n'a visiblement pas l'intention d'endosser publiquement les conséquences de mes choix. La chose est entendue.

Avec le recul, j'ai décrypté les raisons qui les avaient poussés à agir de la sorte. Pour me trouver une remplaçante aussi tardivement dans l'intersaison, ils avaient tout intérêt à motiver cette recherche avec peu de délicatesse. Je comprends les impératifs sportifs. La situation revêtait toutefois une vraie forme de brutalité peu compatible avec un début de grossesse sereine.

Malgré cette déception, Marcello me dit : « Tu es ici chez toi, reviens une fois que tu auras accouché. Je ne te lâcherai pas. » Je viens de réaliser ma meilleure saison statistique et il n'y a pas de raison de penser que je ne serai pas capable de revenir sur les parquets. Cette année, je vais me contenter de suivre les matchs à distance, mais ce n'est qu'une courte parenthèse. Je remettrai mes baskets dès que possible.

Pour l'heure, j'annule mon tour de l'Afrique en 4x4. Je décide d'écouter mon corps qui est mon meilleur médecin. Les routes sont peu bitumées sur le continent. Subir des secousses sur de mauvaises routes de terre serait trop risqué pour mon bébé.

En guise d'échappée alternative, je choisis de m'évader quelques jours à Grand-Popo, une ville côtière du sud-ouest du Bénin qui abritait les anciens comptoirs coloniaux. C'est un village de pêcheurs plein de charme et réputé pour son calme. J'en profite pour me reposer au cœur des magnifiques plages de sable fin bordées de cocotiers, faire des tours de pirogue dans les mangroves et assister aux cérémonies vaudoues !

Les doutes qui entouraient ma grossesse se dissipent de jour en jour. Reste à savoir où elle devra se tenir ? Lionel n'est pas prêt à renoncer à l'ouvrage pour lequel il s'est tant donné au Bénin. Pourquoi quitterait-il cette situation confortable en un claquement de doigts pour s'installer en Europe ? Je suis moi-même partagée entre le projet de demeurer en Afrique et la sécurité de pouvoir accoucher en Europe. Paradoxalement, les soins médicaux coûtent très cher au Bénin et il y a moins de garanties que mon suivi médical soit optimal. Après quelques moments de réflexion, j'annule mes rendez-vous avec le gynécologue béninois et décide de repartir en Europe.

À la fin du mois d'août, je m'envole pour l'Italie avec Espoir dans les bras. Je l'inscris à l'école en prévision de la rentrée scolaire. Le président du club est averti de mon retour en terre transalpine. C'est lui qui prend l'initiative de venir à ma rencontre. Les nouvelles qu'il m'apporte ne sont pas très bonnes. Selon ses dires, le directeur sportif doute de mes capacités à réussir un come-back à la fin de ma maternité. Et il conclut : « Ce serait une erreur de conserver ton contrat ouvert. Nous allons le clore, mais je te donne ma parole. Dès que tu seras prête, je te réengagerai. »

Je ressens son annonce comme une gifle. Le discours du Famila Basket Schio a pris une tournure toute différente, à la tonalité moins affectueuse. C'est une seconde forfaiture à mes yeux. Je perds toute garantie de retrouver ma place. Nous sommes en 2018 et rien n'empêche juridiquement mon club d'adopter cette posture. Il n'y a pas de congé maternité dans mon milieu professionnel.

Je suis à présent à trois mois de grossesse. Ma situation en Italie ne me semble pas sécurisante. Face à cette nouvelle donne, je décide de rentrer en France, à Tarbes, ma ville de cœur. Je préviens Laurette du changement brutal de la situation. Elle se montre compréhensive. Puis j'appelle Lionel au Bénin pour l'informer de mes déboires avec mon club italien et de ma décision. Il est affolé à l'idée de me savoir sans toit en France. Deux jours plus tard, il saute dans un avion afin de me prêter main-forte pour mon déménagement. Mon compagnon est peu disert, mais il est toujours présent dans les moments cruciaux de mon existence.

Avant l'arrivée de Lionel, je passe un coup de fil à François Gomez, mon mentor, ancien coach de Tarbes, et lui explique ma situation. À mes mots, il n'hésite pas une seconde : « Venez à la maison le temps de trouver votre nid ! » Sa démarche me réchauffe le cœur. Je retrouve mon compagnon. Il me reste simplement à boucler mes valises. Je n'ai pas de meubles. Nous prenons la direction de Tarbes et nous nous installons, Lionel, Espoir et moi chez François et Delphine. Ils nous accueillent à bras ouverts, avec la chaleur humaine qui les caractérise, en compagnie de leurs deux garçons. Nous sommes choyés tout au long des trois semaines que nous partageons tous les sept. François et Delphine ont, en outre, le don de trouver les mots qui nous réconfortent et nous permettent d'envisager un avenir serein. Delphine s'occupe de moi comme de sa petite sœur. Elle recherche avec moi la maison de mes rêves et se rend même aux visites, lorsque je suis épuisée. Nous dénichons rapidement notre nid douillet avec un grand jardin et une jolie piscine. La maison se trouve à Soues, une commune des Hautes-Pyrénées drainée par l'Adour et le canal d'Alaric. Espoir rejoint la même école que les enfants de François, dans les environs de Tarbes. J'ai le sentiment d'avoir récréé une famille de cœur. Les amitiés solides que j'ai tissées au cours de mes huit années passées ici ne se démentent pas.

Nid douillet à Tarbes

Une fois installée avec Lionel et mon petit garçon dans ma nouvelle maison, je contacte Marcello Cestaro pour le remercier de sa proposition et lui annoncer que j'ai décidé de poser mes valises en France afin d'y accueillir sereinement mon bébé. Je laisse une porte ouverte entre nous : « Si vous êtes toujours intéressé, on se rappellera après mon accouchement. » Toutefois, je ne me dépare pas de ma fierté et ne souhaite pas quémander l'aumône auprès de son club.

En dépit de ses premières hésitations, Lionel décide de s'installer à Tarbes avec moi. Il continue de travailler à distance avec le Bénin et repart à Noël pour embaucher une assistante qui l'épaulera sur place, pour le suivi de ses contrats d'artistes.

Je vis une grossesse extraordinaire, sans nausée. J'observe mon ventre s'arrondir avec émerveillement et songe à mon corps qui s'apprête à enfanter et à allaiter. Une prouesse qui diffère des performances sportives que j'ai réalisées jusqu'à maintenant. À l'issue des trois premiers mois de grossesse, le corps médical m'autorise à reprendre le sport. Mais mes douleurs aux articulations m'incitent à la prudence. Je décide de laisser mon corps vivre pleinement cette maternité, sans rechercher la performance. Porter la vie, couver. Voilà les deux objectifs que je m'assigne. Je dois par ailleurs me plier au suivi mensuel de la grossesse, mais j'ai une peur bleue des aiguilles et des prises de sang ! L'infirmière s'amuse face à mon regard apeuré : « Comment une grande gigue peut-elle craindre une si petite aiguille ? »

Je m'inscris à des cours de préparation à l'accouchement. Je demande à la sage-femme qui s'occupe de moi de bien vouloir m'aider, le jour J, à accoucher naturellement. Je ne souhaite pas de péridurale. Elle me propose alors une préparation mentale pour gérer au mieux la douleur et l'anxiété. Tout se déroule à merveille, jusqu'au jour de mon accouchement.

Au cours de la nuit du 5 mars 2018, je me réveille brutalement, vers 1 h 30 du matin. Je suis prise d'une crampe brutale qui ressemble étrangement aux contractions que l'on m'a décrites en cours. J'effectue une longue inspiration pour me détendre et, quatre minutes plus tard, une deuxième contraction me déchire les entrailles. Je réveille Lionel : « Peux-tu prendre le chronomètre, s'il te plaît ? » Les contractions surviennent toutes les quatre minutes. Je demande à mon amoureux de me faire couler un bain chaud. Il est 2 heures du matin. J'ai mal, mais je souffle régulièrement et m'isole dans ma bulle. Maman est à la maison depuis deux semaines parce que je souhaite à tout prix qu'elle soit présente pour la naissance du bébé !

« Je réveille ta mère ? », me demande Lionel, d'un air inquiet. « Non, laisse-la dormir. » Il retourne se coucher et je reste dans l'eau jusqu'à 7 h 30 du matin ! Lionel accompagne Espoir à l'école et maman débarque dans la salle de bains. « Tu es folle ma fille. Il faut sortir de l'eau ! » Je suis ses conseils, m'habille et effectue des exercices de balancement sur le Swiss Ball, le ballon d'équilibre ergonomique. Il est destiné à soulager les douleurs et orienter le bébé dans le bassin. J'espère que cela facilitera le travail. Avant de partir en direction de la maternité, nous accomplissons notre rituel, Lionel et moi : il pose ses mains sur mon ventre et dialogue avec le bébé. C'est son instant privilégié d'haptonomie où il lui prodigue caresses et paroles douces, à travers les parois de mon ventre. Cela fonctionne à tous les coups. Le bébé s'agite dans tous les sens ! Cela nous rassure.

Je pénètre dans l'hôpital et le médecin m'examine. Surprise, je ne suis dilatée que d'un centimètre. C'est ce que l'on nomme communément un faux travail. L'obstétricien m'administre une piqûre qui me permettra de sommeiller dès notre retour à la case départ.

De retour chez moi, je m'endors jusqu'à midi et suis réveillée par de nouvelles contractions. Pour tuer le temps, je pars marcher avec maman. Je m'arrête au bout de dix pas car je suis paralysée par la douleur. Je retourne m'allonger. À 16 h 30, Espoir est de retour de l'école. Il se montre aux petits soins avec moi lorsque je me fais couler une douche chaude sur le ventre et le bas du dos pour calmer les contractions. Il me met de l'eau sur le dos ; cette attention délicate me touche. Vers 18 heures, je n'en peux plus !

Je retourne à l'hôpital.

Je sens que mon bébé est descendu dans mon bassin, il appuie sur mon bas-ventre. Mais à 20 heures, on m'ausculte et la dilation n'a progressé que de deux centimètres. La sage-femme propose de me poser la péridurale. Fidèle à mes convictions, je refuse. Je préfère conserver un travail naturel. Une heure plus tard, l'obstétricien de garde vient m'examiner. Il paraît déboussolé : « Qui vous a dit que vous alliez accoucher par voie basse ? » Il joint des gestes à sa parole et mesure ma hauteur utérine. Le verdict tombe : « Le bébé est trop gros. Il pèse a minima quatre kilos et ne passera pas. Vous risquez une déchirure complète du périnée », m'apprend le médecin. Il programme une césarienne en urgence. Les constantes du bébé demeurent rassurantes. Maman est avec moi dans la salle de travail.

Face à cette annonce, je tremble de tous mes membres. Je me sens perdue et des larmes coulent sur mes joues. J'appelle Lionel.

Au bout de trente minutes, une péridurale m'est posée avant de rejoindre le bloc opératoire. Mais la dilation est presque complète. Je tente le tout pour le tout et annonce au médecin que je souhaite essayer de pousser mon bébé vers la lumière. Nous sommes le 6 mars. Le 7 mars, c'est la date anniversaire de la naissance de mon papa. J'y vois un signe du destin. Le gynécologue me propose de nous donner deux heures supplémentaires pour prendre une ultime décision.

Délivrance

Près d'une heure et demie plus tard, il est temps pour moi de pousser ! Mes efforts sont laborieux. À 2 heures du matin, le médecin débarque dans la salle d'accouchement : « Votre bébé a tellement de cheveux que l'on ne peut pas utiliser de ventouse pour l'aider à naître ! » Il sort alors des forceps. Ce sont deux grandes cuillères dentelées, en métal, qui aident le nourrisson à tracer son chemin et facilitent sa sortie. Lyna, ma petite fille, naît à 2 h 15 du matin. Mais elle ne respire pas !

Le médecin pose le nouveau-né sur mon corps. Elle est inerte et ne pleure pas. Il récupère mon bébé et disparaît avec lui dans une autre salle. Au même moment, je fais une hémorragie et perds connaissance. Lorsque je reprends mes esprits, je ne perçois toujours aucun cri de mon enfant. Au bout de quinze longues minutes, Lionel revient avec un petit bout de vie emmailloté dans un linge blanc dans les bras. Elle a les yeux grands ouverts, d'une incroyable intensité ! Je me sens vulnérable dans son regard. L'émotion me submerge. Nous savourons notre bonheur avec son papa et découvrons un nouvel amour dans les yeux de cette petite fille si attachante.

Quelques heures plus tard, le chirurgien me rend visite dans ma chambre. « Votre fille est tellement lourde que j'ai failli la faire tomber. Elle m'a glissé des mains. Comment va-t-elle ? », me demande-t-il. En dix ans, la maternité n'avait pas vu un bébé aussi dodu. Lyna pèse 4,8 kg et mesure 56 centimètres. Son prénom signifie tendresse. La lettre « L » est un hommage à son papa et le « Y » fait écho à Yacoubou. D'un calme absolu, elle observe son entourage avec attention.

Je traverse pour ma part des complications traumatiques liées à mon accouchement. Maman m'assure que je vais guérir. Au bout de cinq jours, je quitte la maternité mais il m'est impossible de m'asseoir tellement la douleur me tenaille. Le lendemain, je retourne chez mon obstétricien qui m'opère et répare les dégâts liés à la déchirure complète de mon périnée. L'opération se passe bien. Le chirurgien me demande ensuite de tirer mon lait deux fois et de le jeter avant de le donner à Lyna, pour éviter de lui transmettre les substances nocives de l'anesthésie. Ma poupée commence sa tétée, mais l'allaitement ne se déroule pas aussi simplement que je l'avais imaginé et observé en Afrique. Cet élixir que je pense à la portée de chaque nourrisson ne parvient pas à s'écouler correctement. Je m'enduis de feuilles de chou. Mais la recette ne porte pas ses fruits. Heureusement, au bout de dix jours de galère, les choses rentrent dans l'ordre. Le barrage s'ouvre et le lait coule à flots, pour la plus grande joie de Lyna ! Lionel qui craignait de porter un si petit être s'occupe d'elle comme un chef, mais elle pleure dès que je suis loin d'elle. Pour calmer son anxiété, j'opte pour le portage, à l'image de mes ancêtres. Elle tète toutes les deux heures, de jour comme de nuit. Le rythme est soutenu !

Je parviens à m'assoupir le matin, de 7 h 30 à 10 heures. Ces heures volées constituent ma nuit. Espoir se révèle protecteur avec sa petite sœur. Il prend un plaisir fou à l'accueillir au creux de ses petits bras.

Quelques mois plus tard, il déchante lorsqu'il constate que je suis moins disponible pour jouer avec lui. Pour pallier ce manque, je décide de me consacrer exclusivement à lui le mercredi après-midi où nous partons effectuer une foule d'activités. Je tire mon lait dans un biberon que je confie à Lionel. Enfanter n'est pas un chemin pavé de roses, mais les joies surpassent de loin les difficultés. Espoir et Lyna sont désormais mes deux pivots.

16

RETOUR SUR LES PARQUETS

À la fin du mois de décembre 2018, soit près de deux mois avant la date présumée de mon accouchement, je suis approchée par plusieurs clubs de basket français. Ces initiatives précoces me surprennent. J'ai la certitude de vouloir reprendre mon activité, mais je souhaite me laisser le temps nécessaire pour profiter de ma maternité et allaiter mon enfant. J'ai beaucoup échangé avec certaines coéquipières devenues maman. Elles m'ont confié que l'allaitement n'est pas une chose aisée pour les sportives de haut niveau. Entre les anti-inflammatoires et le rythme soutenu que nous infligeons à notre organisme, le précieux élixir destiné aux nourrissons peut devenir rare.

Mon agent me contacte au sujet des appels du pied des différents clubs. Je lui annonce en premier lieu que je ne souhaite pas sacrifier mon allaitement sur l'autel d'un contrat de travail. Il prend note de mes impératifs. Quelques jours plus tard, conformément à sa promesse, Marcello Cestaro me propose de revenir jouer « à la maison », mais je ne peux lui fournir une réponse fiable à ce stade de ma grossesse. J'ai conscience que le fait de renouer avec la compétition de haut niveau implique des renoncements personnels. Il s'agit de ma deuxième maternité, mais elle diffère radicalement de celle que j'ai connue avec Espoir et je ne souhaite pas en perdre une miette.

En janvier, Jérémy revient à la charge : « Je sais que tu ne veux pas en parler pour le moment, mais je souhaite t'interpeller sur l'intérêt pour ta carrière de revenir jouer en France. Beaucoup d'équipes voient dans ta venue l'opportunité de leur club et le fait de terminer ton parcours en France ne peut être que bénéfique pour toi. » Il me propose d'y réfléchir à tête reposée. Mon retour sur le sol français permettrait de renouer avec le public tricolore. À l'été 2018, j'ai en outre été nommée « Légende du basket français » par la ligue féminine de basket, à l'occasion de son vingtième anniversaire. Je fais partie des cinq joueuses qui ont marqué le basket français avec Céline Dumerc, Audrey Sauret, Cathy Melain et Endy Miyem. Nous avons célébré l'événement à Paris, sur une péniche, en compagnie d'autres figures bien connues du basket féminin.

Jusqu'à maintenant, je n'avais jamais envisagé l'éventualité de jouer à nouveau en France ; je me trouvais si bien en Italie !

Un mois plus tard, à huit mois de grossesse, les clubs de Tarbes, Bourges, Lyon et Montpellier officialisent leur souhait de me faire une offre. J'ai trente-deux ans, j'ai conscience que la fin de ma carrière se profile à grands pas et je dois songer à ma reconversion. Je ne sais pas encore ce dont j'ai précisément envie : devenir entraîneur ou manager ? En tout état de cause, je sais qu'il existe des facilités de prises en charge des formations en France pour les athlètes olympiques. Le projet que me présente Jérémy pourrait me correspondre.

Bourges versus *Tarbes*

En France, je n'ai joué qu'à Tarbes, mais nous avons été couronnés de succès au long des saisons. Les négociations s'affinent au fil du temps et deux clubs tirent leur épingle du jeu : Bourges et Tarbes. François Gomez est le coach qui officie à Tarbes. C'est l'entraîneur qui a le plus compté dans ma carrière. Nous nous étions promis de nous retrouver un jour sous les mêmes couleurs. Ses qualités humaines et professionnelles font l'unanimité auprès de toutes les joueuses. C'est la preuve de son talent ! Je rêve de rejouer sous sa direction, mais je suis gagnée par la peur de ne pas être prête.

Tarbes est un club familial. Il consent toutefois un effort financier à la hauteur de celui de Bourges pour m'accueillir. C'est cher payé si je ne me hisse pas à nouveau au sommet. J'ai grossi de trente-deux kilos pendant ma grossesse. Le défi à relever me semble immense. Avoir une équipe qui compte sur vous pour vivre ou mourir m'inflige une pression démesurée. Le doute s'installe.

Je fais part de mes inquiétudes à Pierre Fosset, le président du Tango Bourges, avec lequel j'ai un échange franc. Il me promet que je ne subirai aucune pression liée au tempo de ma reprise de la part de son club. Ses paroles me convainquent. La pérennité de ce gros effectif du championnat de France ne reposera pas sur mes seules épaules. Cela me permet de me sentir plus détachée dans la promesse d'une nouvelle aventure.

Je signe avec Bourges quelques jours avant la date prévue de mon accouchement. C'est un club qui tient le haut de l'affiche. Je veux continuer à gagner. De nombreuses personnes de mon entourage tentent de calmer mes ardeurs: « Isabelle, tu as assez gagné! » Mais cette volonté féroce est inscrite en moi. Je rêve de jouer à nouveau en EuroLigue. La compétition n'est ni une question d'âge, ni de titres conquis. Je souhaite me hisser au niveau le plus haut, même si je n'ai plus rien à prouver.

Des questions lancinantes tournent en boucle dans mon esprit: suis-je encore capable d'être une joueuse performante? J'ai dû porter une attention particulière à mon corps tout au long de ma carrière et consentir de lourds efforts. Ce corps qui a porté la vie sera-t-il capable d'accomplir de nouveaux exploits?

Avant de rechausser mes baskets, je recueille les conseils d'Ann Wauters. L'internationale belge avec laquelle j'ai joué à Valence a vécu la maternité avant moi. Je souhaite connaître son expérience. En effet, les athlètes féminines ne sont pas accompagnées lors de leur maternité. Je glane ainsi des informations capitales auprès de mon amie et décide, après la naissance de Lyna, de contacter Sabine Juras, la préparatrice physique de l'équipe de France qui a accompagné Ann avec succès pour la remettre en selle. Je connais bien Sabine, puisqu'elle était ma préparatrice physique chez les Bleues. Je lui propose de m'aider pour reprendre le chemin du basket, ce qu'elle accepte avec joie. Nous mettons sur pied un protocole de reprise. Elle habite dans le nord de la France, nos cours se passent donc en visioconférence.

Je repars de zéro. Je ne sais pas si cela aurait été différent de porter cette grossesse plus tôt, mais c'est littéralement un saut dans la vieillesse. Mes automatismes ont disparu. Deux semaines après avoir accouché, Sabine me demande de reprendre la marche, à raison de quarante minutes par jour, puis, la semaine suivante, je me consacre à cette discipline pendant une heure trente. L'objectif est que je perde du poids, afin d'atténuer mes problèmes de genoux.

J'ai suivi avec intérêt les étapes de la maternité de Serena Williams et j'ai lu plusieurs de ses interviews où elle confie son regret d'avoir mis un terme précocement à l'allaitement pour revenir à un haut niveau. Ses confidences m'interpellent et me confortent dans l'idée de profiter de mes instants précieux avec Lyna et de lui donner les anticorps nécessaires à son développement. La transmission et l'éducation commencent par là!

Mon protocole de reprise est ardu à mettre en œuvre, en raison notamment de la déchirure complète de mon périnée lors de l'accouchement. Ma rééducation est très exigeante afin de reconstruire le muscle, mais mon corps récupère rapidement. Sabine me concocte un programme complet dans l'eau pour privilégier une reprise en douceur, même si mes techniques de nage ne sont pas au point! Cela me permet de travailler efficacement, sans impacter mes articulations.

Je signe mon contrat avec Bourges au début du mois de mars, pour un cycle de trois années qui s'achèvera le 30 juin 2022. Je souhaite à tout prix honorer mon engagement et être d'attaque le jour de la rentrée. Au cours de l'été, je ne m'accorde que deux semaines de vacances au Bénin, pour présenter ma petite Lyna à ma famille et permettre à Espoir de revoir sa grand-mère.

Le retour sur les parquets est ma priorité. Je travaille tout l'été et suis prête à la fin du mois d'août à disputer mon premier match amical. Jamais je n'aurais pensé pouvoir retourner sur le terrain aussi tôt ! J'ai accompli des progrès notables depuis mon accouchement. Ma préparation physique a porté ses fruits, le club me déclare apte à courir. J'ai une vingtaine de kilos en trop, mais le travail musculaire que j'ai effectué me permet de les supporter.

Le coach de Bourges et ma préparatrice physique échangent au sujet de mon retour sur les parquets. Ils s'accordent sur deux objectifs : porter une attention particulière à mes genoux et privilégier un retour graduel.

Le bonheur de la maternité

À la maison, j'allaite exclusivement ma petite Lyna jusqu'à ses six mois. J'aime lui parler au creux de l'oreille ; je suis convaincue qu'elle comprend mes mots. Je lui explique ainsi que maman partira bientôt en déplacement et qu'elle devra téter son biberon à la place de mon sein. J'embauche une nounou, en contrat à durée indéterminée, à raison de huit heures par jour. Lionel est présent pour m'épauler. Il devient mon coach mental dans les moments de doute.

Je pratique le cododo avec mon bébé au cours des six premiers mois. On m'a souvent déconseillé cette pratique, mais je souhaite rassurer mon enfant par ma présence afin qu'elle se sente sereine lorsque je partirai. Je chuchote ainsi à Lyna: « Maman va bientôt reprendre le sport. Dans un mois, tu vas dormir toute seule. » Pour la première nuit dans sa chambre, Lionel se charge de coucher la petite; je n'en ai pas la force. Mais tout se passe sereinement.

Le jour fatidique de mon premier déplacement, je pleure comme une Madeleine à l'angoisse de la séparation d'avec mon bébé. Mes coéquipières me soutiennent avec bienveillance. À la maison, Lyna est joyeuse, cela m'aide à tenir le choc. C'est le bébé que l'on rêve d'avoir à ses côtés.

Lors de chaque périple sportif, je tire mon lait, puis le congèle à l'hôtel et le transporte dans une glacière. C'est une logistique lourde, mais le jeu en vaut la chandelle! J'allaite Lyna jusqu'à ses dix-huit mois et complète ses repas par des petits pots. Je lui concocte des purées de légumes maison que j'agrémente avec du poisson frais. C'est un grand bébé qui a toujours faim! À chacun de mes retours à la maison, nous sommes collées l'une à l'autre.

Ma coéquipière Valériane Ayayi-Vukosavljević me contacte pour savoir, à son tour, comment gérer sa grossesse. Je considère Valériane comme ma petite sœur. Lorsque je jouais à Tarbes, elle faisait le déplacement depuis Bordeaux pour assister à mes matchs. Elle est née la même année que ma sœur Laurette et ses parents sont d'origine béninoise. Lorsqu'elle rejoint l'équipe de France, elle n'a que dix-sept ans. Je la prends sous mon aile et nous partageons avec les Bleues quelques années de jeu et de joie.

Avant de tomber enceinte, nous sommes toutes partagées entre envie et peur. La reprise est source d'appréhension. Je partage mon expérience avec des mots simples : « Pour moi, vouloir c'est pouvoir. Si tu as envie d'allier ta vie de maman à celle de sportive de haut niveau, il y a moyen de s'organiser. » Valériane devient par la suite un modèle pour de nombreuses jeunes basketteuses. Elle a généreusement communiqué, sur plusieurs réseaux sociaux, au sujet de son expérience de la grossesse.

Depuis 2021, les basketteuses françaises bénéficient désormais d'un congé maternité qui s'est inspiré de la convention collective des handballeuses. C'est un progrès satisfaisant. Roxana Maracineanu, la ministre déléguée chargée des Sports, a même fait éditer, en 2022, un guide intitulé « Sport de haut niveau et maternité, c'est possible » à destination des athlètes qui souhaitent vivre la maternité. Je suis heureuse de constater que le sujet de la grossesse devient moins tabou.

Mon retour sur le terrain se passe bien, jusqu'en octobre 2019. Après un match, je souffre d'une gastro-entérite qui m'occasionne un sérieux coup de fatigue. Je perds cinq kilos en dix jours, alors que je galère, depuis mon accouchement, à perdre cinq cents grammes par mois. C'est le rêve de ce côté-là ! Les résultats de ma prise de sang sont corrects. Je pars dès lors en Belgique pour disputer un match, mais je suis malade comme un chien pendant le trajet en bus.

Arrivée à destination, c'est la catastrophe. Il m'est impossible de tenir debout et j'ai la tête qui tourne. Le kiné appelle SOS Médecins. Ma tension s'avère extrêmement basse. Il me met en arrêt maladie et demande des examens complémentaires. Je me sens faible et ne suis pas en état de jouer. Les médecins bataillent avec le staff technique qui ne mesure pas la gravité de la situation. À l'hôtel, je suis clouée au lit pendant deux jours.

Lors de mon retour à Bourges, je consulte le médecin du club qui décide de me prescrire de nouveaux examens sanguins pour vérifier l'ensemble de mes constantes. Le bilan tombe. Je traverse une deuxième crise d'hyperthyroïdie, plus aiguë que la première. Les chiffres crèvent le plafond. Le médecin sonne l'alerte rouge. Je souffre de tachycardie et risque un arrêt cardiaque sur le terrain. Le kiné est conforté dans son idée de ne pas m'avoir laissée jouer la veille.

Confinés

Je consulte un endocrinologue afin de mettre en œuvre, le plus rapidement possible, un traitement capable de juguler la crise. Je suis par ailleurs contrainte de subir des électrocardiogrammes quotidiens. Le processus est long et périlleux. La guérison est plus chaotique que mon retour de maternité, mais au mois de mars, j'obtiens le feu vert des autorités médicales pour la reprise des entraînements. Je suis prête à reprendre la saison là où je l'avais laissée. Samedi prochain, je dois jouer contre Tarbes. Je suis excitée comme une puce à l'idée de relever ce défi !

Contre toute attente, le match est annulé. Nous sommes confinés, en raison de la crise du Covid-19 qui sévit en France et partout dans le monde. Mon activité professionnelle est stoppée en plein vol.

Je profite de cette pause pour m'entraîner à la maison, dans l'optique de finir la saison dignement. Au cours des derniers mois, Lionel a suivi une formation de préparateur physique. Il me coache et nous faisons du sport avec les enfants.

Le confinement devient une parenthèse enchantée de retrouvailles où je porte un regard neuf sur Espoir et Lyna qui ont tellement grandi ! Nous avons la chance de bénéficier d'une maison avec un jardin, à Saint-Doulchard, dans les environs de Bourges. Le soleil est au rendez-vous, notre espace vert devient notre exutoire où nous courons et jouons. Je me fais livrer un panier de basket pour partager ma passion en famille. Je m'adonne par ailleurs avec délectation à la cuisine, c'est ma manière de témoigner mon amour à ma famille. À table, Lyna nous dévisage du regard tellement elle est désireuse de goûter nos plats ! Je décide de lui faire progressivement tester tous les aliments, y compris les épices. Je suis convaincue qu'il faut éduquer le palais au plus tôt ! L'après-midi, nous faisons des cookies avec Espoir qui a soufflé sa neuvième bougie.

Dès que nous sommes autorisés à sortir à un kilomètre autour de notre lieu de vie, nous enfourchons nos vélos pour effectuer des balades dans les environs de Bourges. La crise du Covid a été un ciment pour notre famille et nous avons utilisé ce temps suspendu à bon escient. Ma petite fille a une santé de fer. En l'espace de dix-huit mois, elle n'a jamais été malade.

Le fait de l'avoir allaitée lui a peut-être conféré une bonne immunité. Le pédiatre l'appelle son « bébé bonheur ». Même les vaccins n'entament pas sa gaieté. Elle est heureuse et rit à longueur de journée.

La saison s'achève ainsi.

L'été 2020, je ne prends pas de repos pour privilégier mes entraînements et être au rendez-vous pour la nouvelle saison.

17

SEULE À BOURGES

Lionel obtient son diplôme d'entraîneur physique en juin 2020. Je suis la première bénéficiaire des compétences qu'il acquiert. Il planifie mes quatre séances hebdomadaires d'entraînement tout l'été, du lundi au jeudi, afin que je sois opérationnelle pour la reprise, à la mi-août.

Lors de ma rentrée à Bourges, mes coéquipières et moi apprenons que la saison sera particulière, en raison de la crise sanitaire. Les matchs se joueront dorénavant à huis clos. C'est une première dans ma carrière! Je pensais avoir tout vécu en matière de basket, mais je découvre, à travers ces nouvelles circonstances, une facette inédite de mon métier.

Jouer sans public confère une atmosphère étrange aux matchs. J'ai toujours associé mon activité professionnelle à du spectacle: la pratique du sport est destinée à être partagée avec le public. C'est un langage des sens. J'aime éprouver les émotions induites par les spectateurs, j'y puise une énergie nouvelle. Disputer un match dans une salle vide m'impose d'envisager ma passion sous un nouvel angle. Je suis contrainte de puiser mon adrénaline et ma motivation ailleurs, pour me dépasser encore et encore.

Je recherche une énergie novatrice auprès de mes coéquipières. La cohésion du groupe est inédite et nous menons une saison presque parfaite. À l'issue des vingt-deux rencontres, nous nous classons premières de la ligue. Mais au cours des semaines qui suivent, l'harmonie de l'équipe commence à s'étioler. Nous perdons la demi-finale de la Coupe de France contre Montpellier et nous nous écroulons également face à Lyon, lors des Playoffs. La déconvenue est lourde.

La fin de la saison 2021 s'étire en longueur. Je ressens un mélange de déception et de fatigue qui me fait sombrer dans un état d'exaspération intense. Lionel suggère de me mettre en pause pendant les six semaines de congé estival qui se profilent à l'horizon. J'approuve son idée et m'envole pour le Bénin rejoindre les miens. Quelques jours après mon arrivée, je reçois un appel de Canal+. La chaîne a acquis les droits du championnat d'Europe de basket et la production me propose de devenir consultante le temps de la compétition pour poser mon regard depuis Paris sur les matchs de l'équipe de France.

Cette invitation me ravit et me tire de ma torpeur ! La mission me permettra de m'extirper de mon rôle habituel et de devenir une observatrice privilégiée de la nouvelle génération de basketteuses qui succède aux Braqueuses. J'ai effectué une mission similaire auprès de la chaîne Sky, lorsque je vivais en Italie, pendant deux années consécutives. Interpréter les matchs est un exercice plaisant et gratifiant.

Je rejoins ainsi Paris à la mi-juin. Je suis intimidée au cours de mes premières journées en plateau, mais je me sens rapidement dans mon élément et finis par trouver le ton juste et fluide. George Eddy, le commentateur en titre franco-américain que son accent a rendu célèbre, connaît quelques soucis de santé. Canal+ me sollicite alors pour aller commenter les matchs sur le terrain. Cela change la donne. Être au bord du parquet me fascine. J'accepte la proposition de la chaîne et prépare mes valises, direction Strasbourg.

J'anime l'émission en binôme avec Stéphane Genti qui m'accueille avec chaleur. Je ressens de l'appréhension à l'idée de remplacer George. C'est une figure historique du basket qui décrypte notamment les matchs de la NBA. Hélène Cougoule et Manon David, les journalistes de Canal+, m'entourent avec humanité. Nous formons rapidement une équipe unie et notre entente est perceptible à l'image. Je partage avec eux trois semaines exceptionnelles. Notre entente se poursuit en dehors des terrains : nous dînons ensemble chaque soir après les rencontres et partageons des séances de sport, lors de notre temps libre.

Les Bleues se qualifient pour la phase finale. Je m'envole ainsi pour l'Espagne, à Valence, où se déroulera la suite des événements. Je prends plaisir à retrouver cette ville que je connais bien !

Pédagogue

Avant la demi-finale, Valérie Garnier m'accoste : « Isabelle, j'ai un message à te transmettre de la part de mon papa ! Il souhaite te féliciter pour ta prestation de commentatrice. Il regarde habituellement les matchs de finale sur France Télévisions, mais il a pris un abonnement à Canal+ tellement il trouve tes commentaires rafraîchissants et dynamiques ! » Cette confidence flatteuse me ravit. J'y trouve une marque de confiance inédite que j'avais eu du mal à éprouver lorsque j'évoluais sous ses ordres. Ses paroles infusent en moi, au cours des jours qui suivent. Je prends conscience qu'un bon joueur ne devient pas nécessairement un solide commentateur sportif. Je déploie mon énergie pour donner le meilleur de moi-même à la télévision.

J'essaie, avec mes mots, de démocratiser le basket. Je tente de me mettre à la place d'un spectateur qui ne connaît rien à la discipline et j'utilise des mots simples pour être comprise par le plus grand nombre. Mon approche plaît visiblement à la chaîne qui me propose de poursuivre notre collaboration l'année suivante, sous réserve de décrocher à nouveau les droits de diffusion.

L'équipe de France obtient une belle médaille d'argent, après avoir échoué en finale contre la Serbie.

Une fois ma mission accomplie, je repars en Afrique retrouver Lionel, Espoir et Lyna. Il me reste un mois et demi pour m'entraîner aux côtés de mon compagnon, avant la reprise prévue le 16 août 2021. Les premiers jours d'échauffement sont laborieux et douloureux. Cela fait un mois que je n'ai strictement rien fait. Nous nous concentrons sur les abdos et le gainage. Je souffre de douleurs au dos depuis mon accouchement. L'objectif est de mettre un terme à ces algies récurrentes et de renforcer cette partie de mon corps.

Au cours de mes deux dernières semaines d'échauffement, je pratique la musculation, du cardio et du vélo. Mon homme m'initie également au tapis roulant dont j'ai une peur bleue ! Je ne me sens pas en équilibre sur ce revêtement et crains en permanence de chuter, en raison de mon poids. Je commence par des séances de marche et parviens à courir sur le tapis au bout de quelques jours. La variété des exercices organisés par Lionel me convient parfaitement, même si je n'ai jamais été une adepte de la préparation physique ! Après ce travail intense, nous partons en escapade chaque vendredi à travers le Bénin et jouons aux touristes pour nous détendre.

À la fin du mois de juillet, je reçois un courriel d'invitation en provenance du Comité national olympique. La ville de Paris a en effet installé un centre dans les jardins du Trocadéro pendant toute la durée des JO de Tokyo afin de proposer aux athlètes de partager leur expérience avec le public. Enchantée par cette perspective, nous quittons le Bénin avec Lyna et laissons les garçons prolonger leurs vacances quelques semaines.

Arrivée dans les jardins du Trocadéro, j'ai l'immense plaisir de retrouver Florent Piétrus, la légende du basket français, que je considère comme mon grand frère. Les échanges sont chaleureux entre les interviews, les moments de partage avec le public et les discussions enflammées avec les athlètes qui rentrent de Tokyo. L'événement parisien est exceptionnel.

Mi-août, de retour à mon domicile, à Bourges, je tente d'inscrire ma fille à l'école en petite section de maternelle. Lyna a deux ans et quatre mois, elle s'exprime bien et est déjà propre. Mais l'école m'annonce qu'elle ne dispose pas de suffisamment de place dans ses classes et que seuls les enfants de trois ans révolus seront admis pour la rentrée de septembre 2021.

Face à cette déconvenue, Lionel me propose de prendre en charge Espoir et Lyna, à Cotonou, pour cette année scolaire, ce qui me permettrait de me consacrer pleinement au basket. Mon compagnon cerne mes besoins sans que j'aie besoin de les lui formuler. Notre intimité ne se niche pas dans l'ostentation, mais dans la frugalité du silence. Mon amoureux projette par ailleurs d'ouvrir une salle de sport au Bénin parce qu'il rencontre des difficultés à trouver un emploi à Bourges : depuis le début du Covid, les salles de sport n'embauchent pas.

C'est ainsi que j'entame ma nouvelle saison seule, à Bourges.

Je suis anxieuse à l'idée de reprendre du service. Je n'ai pas touché un ballon pendant l'été, mais Lionel tempère mon inquiétude. « Aie confiance, on a bien bossé », me répète-t-il en boucle.

Habituellement, ma préparation physique diffère de celles de mes coéquipières en raison de mes problèmes aux genoux. Mais cette année, je découvre avec satisfaction que mon genou ne gonfle pas ! Ma concentration est intacte et je me donne corps et âme lors des entraînements et des matchs.

Au cours des trois premières semaines que je passe sans enfant, je suis aux anges. Je peux me reposer lorsque je rentre du basket. Depuis deux ans, je vis à cent à l'heure, entre l'allaitement, les bains et la préparation des repas des petits. Je me couche à 1 heure du matin pour me lever à 7 heures. Je peux désormais m'adonner à des siestes et profiter de huit heures de sommeil. Je m'endors à 21 heures, comme un bébé, et suis en forme pour mon entraînement le matin à 11 heures !

Au bout de quelques semaines vécues comme un ermite, je décide de sortir de ma léthargie et m'impose une sortie au cinéma par semaine et deux dîners au restaurant, afin de renouer avec une vie sociale et de pallier l'absence de Lionel et des enfants.

18

DEVENIR COACH

Mais le contrecoup du manque des petits ne tarde pas à se faire sentir. Je découvre les morsures de l'absence et la joie candide des retrouvailles, prévues à Noël. Dans l'intervalle, j'ai prévu un saut de puce au Bénin pendant la trêve internationale du mois de novembre, mais mon coach ne nous accorde que quatre jours de congé. Je suis contrainte d'annuler mon vol, et prends mon mal en patience jusqu'en décembre. Pour les faire patienter, je promets aux enfants de les emmener à la montagne voir la neige et réserve un séjour à l'Alpe d'Huez.

Contre toute attente, je contracte le Covid-19 le 22 décembre 2021 et suis contrainte d'annuler nos vacances et nos perspectives de descentes des pistes en luge. Je suis clouée au lit pendant une semaine.

À la fin de l'année 2021, une autre grande écurie du championnat me contacte et manifeste son intérêt pour mon profil. Cette démarche me ravit. Je ne joue que treize minutes en moyenne sur le terrain, mais je marque 11 points et 12 d'évaluation. Des chiffres jugés exceptionnels par mes coachs.

Le club officialise son offre et me propose un contrat de deux ans. Mais cette perspective ne me satisfait pas. J'explique au coach que j'aurai trente-huit ans en 2024 et que je ne souhaite pas attendre *la fin* pour commencer à préparer *l'après*.

Je souhaite devenir coach et envisage de passer mon diplôme au cours des deux prochaines années.

Je pars disputer un match à Tarbes quelques semaines plus tard. François Gomez est devenu le *general manager* de Tarbes Gespe Bigorre. « Tu as respecté tes promesses d'être de retour après ta maternité, je veux retravailler avec toi et le club souhaite t'avoir à nouveau ! », m'annonce-t-il. C'est une heureuse surprise pour moi. Les années passent et nos liens d'amitié demeurent.

Mon agent me suggère une formule intéressante : « Tu devrais jouer pendant deux ans et basculer comme assistant-coach au cours des deux années suivantes. » Cette idée me séduit. Cela me laissera le temps d'envisager l'avenir sereinement. Je pourrai ainsi intégrer immédiatement le staff technique, une fois mon diplôme en poche. Les deux clubs s'alignent sur cette proposition mais le montant du contrat de Tarbes Gespe Bigorre se situe bien en deçà de celui promis par l'autre écurie.

Dans mon esprit, mon choix est a priori arrêté. Ce club, un cador du championnat de France, se classe deuxième du championnat de France, tandis que Tarbes n'est que dixième du tableau.

En dépit de mon âge avancé, je continue d'être animée par l'envie de gagner. Mais je tergiverse encore. J'appelle François pour lui confier ce qui pèse sur mon cœur : « J'ai passé trois années difficiles à Bourges où la pression de performer a été permanente. J'appréhende le fait de subir une telle charge mentale à Tarbes, tandis que l'autre club ne mise pas tous ses espoirs sur ma personne. D'un autre côté, on s'était promis de se retrouver il y a trois ans. Tu es le coach à qui j'ai envie de ressembler, je souhaite apprendre à tes côtés. Je ne sais pas comment trancher, mais sache que si tu deviens mon coach, je reviens à Tarbes ! »

François accepte cette charge. Il reprend le chemin du coaching. Je signe mon contrat en mars 2021. Le club me propose un contrat de deux ans où j'officierai en qualité de basketteuse et suivrai, en parallèle, une formation d'entraîneur. Au cours des trois années suivantes, je deviendrai assistant-coach.

À trente-six ans, je souhaite transmettre mon expérience. Aider les gens à grandir, à l'image de la joueuse Iliana Rupert qui est venue me solliciter à Bourges pour que je lui prodigue des conseils sur la gestion de son parcours. Les jeunes joueuses doivent explorer leur potentiel. Certaines basketteuses ont besoin d'être guidées et j'ai un désir fou d'aider mon prochain. Ma mère m'a élevée selon ces valeurs phares.

Mon contrat touche bientôt à sa fin à Bourges. Il faut l'admettre, je suis assez soulagée de partir. Le club est indéniablement un cador du championnat entouré d'un public chaleureux, mais la mayonnaise n'a pas pris. Mes problèmes récurrents aux genoux et le programme d'entraînement spécifique qu'ils nécessitent ont souvent été accueillis avec méfiance, voire incrédulité. Ce sont des protocoles que j'appliquais pourtant depuis une décennie avec succès, au sein de clubs souvent plus réputés. Le staff technique de Bourges s'est malgré tout montré assez réticent à m'accorder ces aménagements et les perçoit comme des passe-droits injustifiés. À ce stade de ma carrière, je connais mon corps. Mon genou gonfle démesurément lors de certains déplacements et mes douleurs gagnent en intensité. Le staff médical perçoit mon désarroi, mais a du mal à se faire entendre face à l'insistance des coachs.

Pour sortir de ces atermoiements, on me suggérera même de prendre ma retraite… Et puis quoi encore ?

Malgré les ajustements périodiques, peu de compromis fleurissent. Le club progresse parfois vers une meilleure gestion de mes particularités physiques, mais chaque nouvelle alerte donne lieu à de nouvelles interrogations emplies de sous-entendus ou à des tentatives de retour à la case départ. Il m'est difficile de l'admettre, mais ces échanges pesants finissent par entamer ma confiance en mes capacités. Louée durant ma carrière pour mon côté fédérateur, j'ai désormais le sentiment de pénaliser le groupe. En février 2022, je traverse plusieurs drames personnels. Ma fatigue psychique atteint son paroxysme et je plonge dans un burn out quelques semaines plus tard. Il nous faudra à nouveau – les médecins, moi-même et jusqu'à ma famille – insister sur la gravité de mon état pour que cette alerte soit prise au sérieux par le club.

Au gré de mes pérégrinations européennes, j'ai dû affronter des situations de racisme primaire, notamment dans les gradins des stades. La France est heureusement moins sujette à ces dérapages consternants.

Je ne suis plus la jeune ingénue qui débarque de son Bénin natal. Derrière l'apparence relativement feutrée de mon pays d'adoption, j'observe, en filigrane, certains atavismes qui demeurent bien ancrés dans l'inconscient collectif. Tout au long de ma carrière, j'ai porté avec fierté mon surnom « Shaqoubou ». On m'a d'ailleurs souvent prêté des qualités physiques déraisonnables. Cela a peut-être joué en ma faveur lors de certaines confrontations. Je ne peux pas en dire autant lors de ces années à Bourges. Mon corps est lui aussi sujet à la douleur et aux blessures, et j'ai parfois senti des attitudes bien moins attentives que pour d'autres joueuses. À cet égard, un journaliste de France 3 a déclaré à l'antenne, en 2020 : « Quand un joueur africain se plaint, c'est qu'il a vraiment mal. » Cette affirmation naïve illustre selon moi des schémas inconscients qui magnifient les corps noirs au point de leur conférer des qualités de « solidité » difficiles à assumer dans la durée. J'ai été tantôt le sujet ou le témoin de ces traitements différenciés à Bourges. Mon côté grande gueule m'a probablement protégée de leurs conséquences les plus néfastes. Ils méritent toutefois d'être soulignés, car ils compromettent l'intégrité physique de certaines d'entre nous et peuvent conduire à des après carrières plus douloureuses.

Direction… Tarbes !

Malgré ses défauts, le basket est encore pour moi une école de vie. En cela, chaque mot prononcé par François revêt une valeur et l'étendue de ses connaissances est aussi grande qu'une bibliothèque dans laquelle j'ai envie de me plonger.

Il n'y a que le travail qui paie. C'est un chemin long et sinueux.

Si je n'avais pas croisé le chemin de Pascal Pisan, de François Gomez, ou encore de Christophe Arnault qui s'est battu pour que je puisse rejoindre la France dans la catégorie Cadettes, ma carrière n'aurait tout simplement pas existé.

Si tata Célestine n'avait pas décelé en moi un certain potentiel et mis en œuvre une prise en charge adéquate, si mon père ne m'avait pas autorisée à pratiquer ce sport, je serais aujourd'hui maman au foyer. Je ne peux dès lors concevoir ma vie sans donner à mon tour.

J'ai reçu au cours des précédentes années de nombreuses lettres de femmes qui ont traversé une dépression post-partum et sont parvenues à remonter la pente grâce à l'exemple de pugnacité que j'ai représenté à leurs yeux. Ces témoignages me touchent profondément et me donnent la force de m'investir en faveur des femmes et des enfants.

Être une femme forte n'implique pas de ne pas tomber, mais cela signifie, en revanche, avoir la force de se relever, en puisant dans ses réserves de combativité et de résilience.

Mon retour à Tarbes a, paraît-il, encouragé certaines jeunes joueuses à prolonger leur présence au club. Je serai la mamie du groupe ! J'essaierai, autant que possible, d'apporter une touche bienveillante et lucide à un bataillon très talentueux. Il y aura probablement quelques coups de gueule de temps en temps ! Je n'en attends pas moins. Mon objectif sera de nous voir progresser les unes à côté des autres et grandir, je l'espère, en tant qu'être humain.

Certains lieux parlent la langue des souvenirs heureux. J'opère ainsi un retour aux sources. L'enfant du pays rentre au bercail ! J'ai opéré un choix de cœur pour un club réputé moins compétitif, mais qui a le mérite d'offrir un environnement où je ressens un doux mélange de prévenance et de franchise.

Tout au long de ma vie, j'ai fait confiance à mes intuitions.

J'ai déniché une maison à mon goût dans un petit village tout proche de Tarbes. Elle est dotée d'un grand jardin où pourront s'amuser Espoir et Lyna. Cerise sur le gâteau, je vais devenir la voisine de Pascal Siutat, mon bienfaiteur de toujours, qui y a élu domicile depuis de nombreuses années !

J'envisage d'accueillir maman à temps plein en raison de son état de santé précaire, ainsi que ma nièce Peace, la fille de mon frère Primous. Lionel nous rejoindra probablement l'année prochaine, une fois qu'il aura consolidé les équipes qui participent à son projet. J'ai hâte de voir ce que la vie nous réserve. La ferveur et le rythme effréné des campagnes menées tambour battant s'atténueront peut-être. La vie est longue. Un nouveau chapitre s'ouvre devant moi.

TABLE

Cet ouvrage a été composé
par Atlant'Communication
au Bernard (Vendée)

Impression réalisée par

NORMANDIE ROTO IMPRESSION S.A.S.
à Lonrai (Orne)

en janvier 2023
pour le compte des Éditions de l'Archipel
département éditorial
de la S.A.S. Écriture-Communication

#lisez ! engagé
Pour plus d'information :
www.lisez.com
Imprimé sur du papier issu de forêts gérées durablement.

Imprimé en France
N° d'impression : 2206519
Dépôt légal : février 2023